Todos los libros de Linkgua Ediciones cuentan con modelos de Inteligencia Artificial entrenados por hispanistas. Pregúntale al chat de tu libro lo que desees acerca de la obra o su autor/a.

Para ebooks: Accede a nuestro modelo de IA a través de este enlace.

Para libros impresos: Escanea el código QR de la portada con tu dispositivo móvil.

Obtén análisis detallados de nuestros libros, resúmenes, respuestas a tus preguntas y accede a nuestras ediciones críticas generativas para una experiencia de lectura más enriquecedora.
La transparencia y el respeto hacia la autoría de las fuentes utilizadas son distintivos básicos de nuestro proyecto. Por ello, las respuestas ofrecen, mediante un sistema de citas, las fuentes con las que han sido elaboradas.

Fray Luis de Granada

Vida del Padre Maestro Juan de Ávila

y las partes que ha de tener un predicador del Evangelio

Barcelona 2024
Linkgua-ediciones.com

Créditos

Título original: Vida del padre maestro Juan de Ávila.

© 2024, Red ediciones S.L.

e-mail: info@linkgua.com

Diseño de cubierta: Michel Mallard.

ISBN rústica ilustrada: 978-84-9816-346-9.
ISBN tapa dura: 978-84-9953-699-6.
ISBN ebook: 978-84-9897-984-8.

Cualquier forma de reproducción, distribución, comunicación pública o transformación de esta obra solo puede ser realizada con la autorización de sus titulares, salvo excepción prevista por la ley. Diríjase a CEDRO (Centro Español de Derechos Reprográficos, www.cedro.org) si necesita fotocopiar, escanear o hacer copias digitales de algún fragmento de esta obra.

Sumario

Brevísima presentación

La vida

Luis de Granada (1504-1588). España.

Fray Luis de Granada ingresó en la orden dominica a los veinte años. Y pronto adoptó el nombre de su ciudad natal y allí estuvo durante varios años en el convento de Santa Cruz. También fue prior del convento de Scala-Coeli en la serranía de Córdoba.

Hacia 1547 escribió su Guía de pecadores, en la que fray Luis recoge un tratado escrito por Savonarola, y una antología de fragmentos del Nuevo Testamento, que comprende el Sermón del Monte, tres capítulos del evangelio de Juan y una paráfrasis de las cartas de Pablo.

Sus últimos años fueron duros, marcados por el escándalo del suceso de la monja de Portugal, en el que defendió a una monja iluminada, que después se descubrió que había mentido.

Murió a los ochenta y cuatro años en Portugal.

Fray Luis de Granada estuvo muy influido por el místico Juan de Ávila cuya vida se recoge en el presente libro, lo que provocó las sospechas de la Inquisición.

Dedicatoria

A don Juan de Ribera, arzobispo de Valencia y patriarca de Antioquía.

Cuán anejo sea a los prelados el oficio de la predicación, ya lo tendrá V. S. notado en lo que los Apóstoles hicieron, pues no quisieron ocuparse por sí en el cuidado de las viudas y de los pobres, porque esta ocupación, aunque santa y necesaria, no les fuese impedimento de otras más importantes, que era la predicación de la palabra de Dios. Y así, encomendando este cargo a otros, tomaron para sí el oficio de la predicación y oración.

Y conforme a este decreto apostólico, leemos en el Concilio Cartaginense IV, ordenado que el obispo encomiende a alguna de las principales personas eclesiásticas el cuidado de los pobres, y que él se ocupe en las mismas dos cosas que los Apóstoles tomaron para sí; añadiendo a éstas la tercera, que es la lección de las Santas Escrituras, para que ellas le den materia de lo que ha de predicar; de la cual no tenían los Apóstoles necesidad, pues tenían al Espíritu Santo por maestro.

Duró esta observancia mucho tiempo en la Iglesia. Porque en tiempos de san Agustín era estilo en la Iglesia occidental que nadie predicase donde estaba el obispo; mas dispensó en esto el santo obispo Valerio, el cual, contra este estilo, hizo que san Agustín predicase en la iglesia, no haciendo caso de los dichos de los murmuradores, viendo que san Agustín hacía este oficio más perfectamente que él.

Esto, señor, se usaba en aquellos tiempos; en los cuales los Sumos Pontífices predicaban, como lo hacía san Gregorio, y san León, papa, y otros tales. Mas como con los tiempos se mudan las cosas humanas, así ésta en parte se ha mudado. Porque muchos prelados, contentos con administrar justicia en sus tribunales, cometen este oficio a otros ministros; siendo cierto que mucho más huelgan y reconocen las ovejas la voz de su legítimo pastor, y mucho más fruto hace en ellas que las de todos los otros.

Mas, con todo esto, no tiene Nuestro Señor tan desamparada la Iglesia, que no haya muchos prelados que, acordándose de aquellos dichosos tiempos de la primitiva Iglesia, y de la obligación de su oficio, no trabajen por imitar aquellos Pontífices antiguos, dando por sus mismas personas pasto saludable de doctrina a sus ovejas. Y en este número no puedo dejar de contar a V. S., pues, habiendo tantos años que tiene oficio de pastor, siempre procuró que por su mano recibiesen este pasto sus ovejas; y esto con tanta instancia y tan a la continua, que muchas veces se levantaba del confesionario y se subía al púlpito a predicar, no teniendo por cosa indigna de su autoridad hacer el oficio que el Hijo de Dios hizo en la tierra, cuyos vicarios son todos los predicadores.

Por tanto, habiendo escrito esta vida del padre Maestro Juan de Ávila, en la cual se nos representa una perfecta imagen del Predicador evangélico, no se me ofreció a quién con más razón la pudiese ofrecer que a quien tantos años ha que ejercita este oficio, no con espíritu humano, sino con entrañable deseo de la salvación de los hombres, y de apartarlos de los pecados. El cual deseo manifestaba V.S. en sus sermones, diciendo algunas veces con grande afecto estas palabras: «Hermanos, no pequemos ahora, por amor de Dios». Las cuales palabras, salidas de lo íntimo del corazón, herían más los corazones de los oyentes que cualesquier otras más sutiles razones, que para esto se pudieran traer. Porque cierto es que no hay palabra que más hiera los corazones que la que sale del corazón; porque las que solamente salen de la boca no llegan más que a los oídos.

De estas palabras hallará V. S. muchas en la doctrina de este siervo de Dios, que aquí se escriben; y junto con esto verá una perfectísima imagen y figura de las partes y virtudes y espíritu que ha de tener el Predicador evangélico. Y aunque hay cosas de mucha edificación y provecho en esta historia, una de las que yo tengo por muy principal son los conceptos que este varón de Dios tenía de todas las cosas espirituales, explicadas y declaradas en las cartas suyas que andan impresas. Porque la lumbre del Espíritu Santo, que lo escogió para ministro del Evangelio, le dio el conocimiento del valor y dignidad de las cosas espirituales, las cuales él estimaba y pesaba, no con el peso engañoso de Canaán, que es el juicio falso del mundo, sino con el peso del Santuario, que nos declara el precio verdadero de estas cosas.

Reciba, pues, V. S. este pequeño presente con la caridad y rostro que suele recibir las cosas de este su siervo. Y por medio de V. S. recibirán mucha consolación todas las personas que aprovecharon con la doctrina de este padre; entre las cuales no puedo dejar de contar a la señora condesa de Feria, que tanto aprovechó con su doctrina; la cual deseó mucho que yo tomase a cargo esta historia; a cuya santidad y méritos esto y mucho más se debía.

Y more siempre Nuestro Señor en el ánima de V. S. y la enriquezca con la abundancia de su gracia y dones del Espíritu Santo.

Siervo y capellán de V. S.,
Fray Luis de Granada

Al cristiano lector

Por algunas personas devotas he sido muchas veces importunado, que conocieron al padre Maestro Juan de Ávila y se aprovecharon de su doctrina, quisiese escribir algo de su vida, como persona que lo trató y conversó mucho tiempo. Y con ser esta petición muy justa, y entender yo que resultaría de aquí mucha edificación a sus devotos, todavía me pareció cosa que sobrepujaba a la facultad de mis fuerzas. Porque, después que me puse a considerar con atención la alteza de sus virtudes, parecióme cierto que ninguno podría competentemente escribir su vida, sino quien tuviese el mismo espíritu que él tuvo. Porque sus virtudes son tan altas que claramente confieso que las pierdo de vista; y como me hallo insuficiente para alcanzarlas, así también para escribirlas. Mayormente que para esto tengo de desviar los ojos de las comunes virtudes que agora vemos en nuestros tiempos, y subir a otra clase más alta de otros nuevos hombres, en quien, por estar la carne muy mortificada, reina el espíritu de Dios más enteramente; el cual hace los hombres semejantes a sí, y diferentes de los otros que de la alteza de este espíritu carecen.

Y para decir algo de lo que siento, leyendo la vida de los santos pasados y mirando la de este siervo de Dios, que Él quiso enviar en nuestros tiempos al mundo, aunque confieso que en ellos habría más altas virtudes, pues están puestos por un perfectísimo dechado de ellas en la Iglesia, me parece que trató de imitarlos con todas sus fuerzas. Porque vi en él una profundísima humildad, una encendidísima caridad, una sed insaciable de la salvación de las ánimas, un estudio continuo y trabajo para adquirirlas, con otras virtudes suyas que adelante se verán.

Pues, por exceder esta materia tanto mis fuerzas, quisiera, como dije, excusarme, mas venció la caridad y el deseo de aprovechar a los hermanos, y especialmente a los que están dedicados al oficio de la predicación. Porque en este Predicador evangélico verán claramente, como en un espejo limpio, las propiedades y condiciones del que este oficio ha de ejercitar.

Y porque la principal cosa que en las historias se requiere es la verdad, diré luego de qué fuente cogí todo lo que aquí escribiré. Primeramente aprovechéme de los memoriales que me dieron dos padres sacerdotes, discípulos muy familiares suyos, que hoy día son vivos, que fueron el padre Juan Díaz y el padre Juan de Villarás, que perseveró dieciséis años en su compañía hasta la muerte; cuyas palabras, que pasó con el dicho padre, me será necesario referir aquí algunas veces cuando la historia lo pidiere.

Ayudarme he también de lo que yo supiere, por haber tratado muy familiarmente con este padre, como dije, donde nos acaeció usar algún tiempo de una misma casa y mesa; y así pude más cerca notar sus virtudes y el estilo y manera de su vida.

También ayudarán para lo mismo sus escrituras, las cuales estos padres susodichos sacaron a luz, mayormente sus cartas, en las cuales descubre el espíritu y celo que tenía de la salvación de las ánimas. Y como sean muy diferentes las materias que en ellas se tratan, así descubre él más la luz y experiencia que en todas ellas tenía. Y porque no todos tendrán estas cartas, me será necesario ingerir aquí algo de lo que en ellas sirviere para nuestro propósito.

También me pareció no escribir esta historia desnuda, sino acompañada con alguna doctrina, no traída de fuera, sino nacida de la misma historia. Ca no es de todos los ingenios saber ponderar las cosas que leen, y sacar de ellas la doctrina que sirve para la edificación de sus almas; en lo cual es razón que provea el historiador, pues es deudor a todos los hombres, sabios e ignorantes.

Capítulo I. De los principios de su vida

Aquel solícito padre de familias que a todas las horas del día anda cogiendo obreros para cultivar su viña, jamás deja pasar edad alguna que no despierte algunos muy señalados obreros, que con su trabajo e industria ayuden a esta labor. Entre los cuales fue Él servido de llamar este nuevo obrero, cuya vida comenzamos a escribir para gloria del mismo padre de las familias y de este obrero que Él escogió, suplicando al mismo padre que, pues este siervo suyo; pues es justo que sea glorificado en la tierra el que tanto procuró todo el tiempo que vivió glorificar al que reina en el cielo.

Y aunque va poco en saber el origen de los padres que los siervos de Dios tuvieron en la tierra, pues tienen a Dios por padre en el cielo, todavía se suele esto escribir para gloria de la tierra que este fruto produjo, y de los padres que lo engendraron. Fue, pues, este siervo de Dios natural de Almodóvar del Campo, que es en el arzobispado de Toledo. Sus padres eran de los más honrados y ricos de este lugar y, lo que más es, temerosos de Dios; porque tales habían de ser los que tal planta habían de producir; y no tuvieron más que solo este hijo.

Siendo él mozo de edad de catorce años, le envió su padre a Salamanca a estudiar Leyes, y poco tiempo después de haberlas comenzado le hizo Nuestro Señor merced de llamarle con un muy particular llamamiento. Y, dejado el estudio de las Leyes, volvió a casa de sus padres; y como persona ya tocada de Dios, les pidió que le dejasen estar en un aposento apartado de la casa, y así se hizo, porque era extraño el amor que le tenían. En este aposento tenía una celda muy pequeña y muy pobre, donde comenzó a hacer penitencia y vida muy áspera. Su cama era sobre unos sarmientos, y la comida era de mucha penitencia, añadiendo a esto cilicio y disciplinas.

Los padres sentían esto tiernamente; mas no le contradecían, considerando, como temerosos de Dios, las mercedes que en esto les hacía. Perseveró en este modo de vida casi tres años. Confesábase muy a menudo, y su devoción comenzó por el Santísimo Sacramento, y así estaba muchas horas delante de él; y de ver esto, y la reverencia con que comulgaba, fueron muy edificados así los clérigos como la gente del lugar. Pasando por allí un religioso de la Orden de San Francisco, y maravillado de tanta virtud en tal edad, aconsejó a él y a sus padres que lo enviasen a estudiar a Alcalá, porque con sus letras pudiese servir mejor a Nuestro Señor en su Iglesia y así se hizo.

Ido a Alcalá, comenzó a estudiar las Artes, y fue su maestro en ellas el padre fray Domingo de Soto, el cual, vista la delicadeza de su ingenio, acompañada con mucha virtud, lo amaba mucho; y sus condiscípulos eran muy edificados con su ejemplo. Y en este tiempo se llegó a su amistad y compañía don Pedro Guerrero, arzobispo que después fue de Granada, que en este estado fue siempre muy su devoto y favorecedor de sus cosas.

Antes que acabase sus estudios fallecieron sus padres; y después de acabados y saliendo de los más aventajados de su curso, así por su buen ingenio como por la diligencia del estudio, siendo ya de edad competente se ordenó de Misa; la cual, por honrar los huesos de sus padres, quiso decir en su lugar; y por honra de la Misa, en lugar de los banquetes y fiestas que en estos casos se suelen hacer, como persona que tenía ya más altos pensamientos, dio de comer a doce pobres y les sirvió a la mesa y vistió y hizo con ellos otras obras de piedad.

Mas, dejados aparte estos principios, comenzaremos a tratar de lo que toca al oficio de su predicación. Y porque es estilo de Nuestro Señor, cuando escoge una persona para algún oficio, darle todas las partes y virtudes que para él se requieren, declararemos aquí las que a este siervo suyo fueron concedidas; en las cuales verá el cristiano lector la imagen de un Predicador evangélico, que es lo que yo en esta historia pretendo declarar con ayuda de aquel Señor que estas partes y gracias le concedió. Lo cual otros escritores hicieron, aunque en diferentes materias. Porque Jenofonte, clarísimo orador y filósofo de Grecia, escribe la historia de Ciro el Mayor, que es el que restituyó los judíos a su tierra después del cautiverio de Babilonia, cuyas victorias y triunfos escribe no solamente Herodoto, sino, lo que más es, el profeta Isaías muchos años antes que él naciese; en la cual historia trabaja por dibujar las virtudes que un muy acabado y perfecto rey ha de tener. Y porque este rey, aunque muy valeroso, no las tenía todas, y ésas que tenía no eran verdaderas virtudes, sino aparentes, suple él y pone de su casa lo que a él le faltaba. Mas yo aquí entiendo formar un Predicador evangélico con todas las partes y virtudes que ha de tener, mas no poniendo yo nada de mi casa, sino mostrándolo en la vida y ejercicios de este nuestro predicador.

Y para llevar algún orden en esta historia, trataré primero de las virtudes y gracia que Nuestro Señor le concedió para este oficio; y luego, de las virtudes especiales de su persona; y después, del oficio de su predicación y fruto de ella, que de todo lo susodicho se siguió.

Primera parte. Virtudes y gracia que nuestro señor le concedió para el oficio de predicador

Capítulo II. De cómo nuestro predicador procuró imitar al apóstol San pablo en el oficio de la predicación, y de las principales partes que para este oficio se requieren

Pues, habiéndose determinado este siervo de Dios de emplearse en el oficio de la predicación, para la cual tantos años había trabajado en las letras, deseando por este medio procurar, no honras ni dignidades, sino la salvación de las ánimas, la primera cosa que hizo fue procurar las expensas que para este oficio se requieren. Y éstas eran las que el Salvador declaró cuando dijo: Si alguno no renunciare todas las casas que posee, no puede ser mi discípulo. Lo cual cumplió él tan enteramente que, venido a su patria, repartió toda la herencia, que de sus padres le había quedado, con los pobres, sin reservar más para sí que un humilde vestido de paño bajo; en lo cual cumplió lo que el mismo Señor dijo a sus discípulos, cuando los envió a predicar, mandándoles que no llevasen ni bolsa ni alforja, sino sola fe y confianza en Dios, porque con esta provisión nada les faltaría. Lo cual también se cumplió en nuestro predicador, porque, todo el tiempo que vivió, ni tuvo nada ni quiso nada, ni nada le faltó, mas antes, siendo pobre, remedió a muchos pobres, y así pudo decir aquello del Apóstol: Vivimos como pobres, mas enriquecemos a muchos; y como quien nada tiene y todas las cosas posee.

Asentado ya este fundamento, determinó buscar un guía a quien seguramente pudiese seguir y no halló otro más conveniente que el apóstol san Pablo, dado por predicador de las gentes. Ni esto tuvo por soberbia, pues el mismo Apóstol a esto convida a todos los fieles diciendo: Hermanos, sed imitadores míos, como yo lo soy de Cristo. Y aunque este ejemplo sea tan alto que nadie pueda llegar a él, mas, como dice un sabio, más alto subirán los que se esforzaren por subir a lo alto que los que, perdida la esperanza de esto, se quedaron en lo bajo. Y cuán bien haya sucedido a este padre poner los ojos en este dechado, adelante se verá.

1. Del amor de Dios que ha de tener el predicador, y el que tenía este padre

Comenzando, pues, por las principales partes y virtudes que el perfecto predicador ha de tener, si alguno hay que llegue a serlo, la primera es amor grande de Dios. Lo cual se entiende por las palabras y ceremonia con que el Salvador encomendó a san Pedro el oficio de apacentar sus ovejas, preguntándole si le amaba más que los otros sus compañeros, repitiendo tantas veces esta pregunta, que el mismo Apóstol se angustió con ella; y a cada una de ellas añadía: Apacienta mis ovejas. Pues con la repetición de estas preguntas del amor de Dios, nos da el Salvador a entender que la primera y más principal parte que se requiere para la salvación de las ánimas es el amor de Dios, cuando está muy encendido por las grandes ayudas y fuerzas que para este oficio nos da. Lo cual por sus pasos contados iremos declarando en el proceso de esta historia. Y por esto, escogiendo el Salvador al apóstol san Pablo para este misterio, le infundió una tan grande caridad y amor de Dios, que, como él dice, ninguna cosa de cuantas había criadas, que él allí cuenta por menudo, había de ser parte para apagar la llama de este divino amor que en su corazón ardía. Y éste fue el que le hizo salir vencedor en tantas batallas y contradicciones del mundo, y el que nunca le pudo atapar la boca ni atar la lengua, estando atado y preso, para dejar de predicar el nombre de Cristo.

Entendía también esta doctrina nuestro predicador, el cual, siendo preguntado por un virtuoso teólogo qué aviso le daba para hacer fructuosamente el oficio de la predicación, brevemente le respondió: «Amar mucho a Nuestro Señor».

Esto dijo como quien tenía experiencia de cuántas ayudas nos da este amor para ejercitar este oficio. Porque de este amor primeramente nace una sed insaciable de la gloria de Dios; y porque Él es glorificado con la santidad y pureza de vida de sus criaturas, de aquí les nace un tan entrañable deseo de esta pureza, que de día y de noche otra cosa no piensan ni sueñan, y no hay trabajo ni peligro a que no se ofrezcan alegremente por ella, teniendo por ganancia perder la vida por salvar un ánima. Lo cual nos muestra el Apóstol en su persona, no solo por los inmensos trabajos y persecuciones que padeció, sino más particularmente por aquellas palabras que escribe a los fieles de Corinto, donde dice: De muy buena voluntad me entregaré y ofreceré de todo corazón por vosotros a la muerte, aunque amándoos yo más, sea menos amado de vosotros. Y en otro lugar: Si yo, dice él, fuere sacrificado y padeciere muerte por haberos predicado el Evangelio, en esto me gozaré y alegraré juntamente con vosotros; y vosotros también os alegrad conmigo, dándome el parabién de esta gloria. Tal es, pues, el amor para con los prójimos que de este amor divino procede, y tal el deseo de la salvación de ellos que bastó para hacer que el Apóstol se ofreciese a ser anatema de Cristo por amor de ellos.» Y este mismo amor y deseo hizo que corriese por todo el mundo, cercando la mar y la tierra, y se ofreciese a todos los peligros y trabajos por esta causa, como él lo declara cuando dijo: Todas las cosas sufro por amor de los escogidos, porque ellos alcancen la heredad que Dios les tiene aparejada.

Este es, pues, el principal instrumento que sirve para este oficio. Porque como el amor de los padres para con los hijos les hace trabajar y sudar para criarlos y sustentarlos, y a veces ir hasta el cabo del mundo, atravesando los mares, por buscarles remedio de vida, así el amor sobrenatural que el Espíritu Santo infunde en los corazones de los que han de ser padres espirituales, les hace ofrecer aún a mayores trabajos y peligros con deseo de aprovecharles. Porque no es menor ni menos eficaz este amor espiritual que el carnal para este oficio; lo cual testifica san Ambrosio por estas palabras: «No es menor el amor espiritual que tengo a los hijos que engendré con la palabra del Evangelio que si corporalmente los engendrara; porque no es menos poderosa la gracia que la naturaleza».

Esto, pues, veremos agora verificado en nuestro predicador. Porque estaba tan encendido y transformado en este amor y deseo de salvar las ánimas, que ninguna cosa hacía ni pensaba ni trataba, sino cómo ayudar a la salvación de ellas. Lo cual hacía él con sus continuos sermones y confesiones, y exhortaciones y públicas lecciones, ayudando a los presentes con la doctrina y a los ausentes con sus cartas. Y no solo por su persona, sino por medio de los discípulos que había criado a sus pechos, enviándolos a diversas partes para que hiciesen esos mismos oficios. Y para esto determinaba de criar ministros que a su tiempo diesen fruto y pasto de doctrina al pueblo. Para lo cual procuraba que en las principales ciudades del Andalucía hubiese estudios de Artes y Teología; y él proveía de lectores adonde no los había. Y en otras partes, donde se ofrecía más comodidad, procuraba que hubiese Colegios de teólogos para lo mismo. Y no contento con esto, también se extendía su providencia a dar orden cómo se diese doctrina a los niños, para que, juntamente con la edad, creciese en ellos la piedad y el conocimiento de Dios. Todas estas obras e industria eran centellas vivas que procedían de aquel fuego de amor que ardía en su corazón y le causaba este deseo. De lo cual todo se trata adelante más en particular.

2. Del fervor y espíritu con que se ha de predicar, y el que tuvo este padre

De este mismo amor y deseo procedía también el grande fervor y espíritu con que predicaba. Porque decía él que, cuando había de predicar, su principal cuidado era ir al púlpito «templado». En la cual palabra quería significar que, como los que cazan con aves procuran que el azor o el falcón, con que han de cazar, vaya «templado», esto es, vaya con hambre, porque ésta le hace ir más ligero tras de la caza, así él trabajaba por subir al púlpito, no solo con actual devoción, sino también con una muy viva hambre y deseo de ganar con aquel sermón alguna ánima para Cristo; porque esto le hacía predicar con mayor ímpetu y fervor de espíritu. Este deseo es un especialísimo don del Espíritu Santo, sin cuya virtud nadie, por mucho que haga, lo podrá alcanzar. El cual deseo nos representa los dolores de parto que tenía aquella misteriosa mujer que san Juan vio en su revelación, de la cual dice que padecía grandes tormentos por parir; lo cual nos representa el ardor y deseo que los amadores de la honra de Dios tienen de engendrar hijos espirituales, que lo honren y glorifiquen. Y este mismo deseo es el que les da no solo fervor y eficacia para predicar, sino también les enseña cosas con que prendan y hieran los corazones.

Y porque somos tan de carne que no entendemos la dignidad y peso de las cosas espirituales sino por ejemplo de las carnales, imaginemos agora lo que haría una madre si supiese cierto que un solo hijo que tenía quisiese ir a desafiar a otro hombre y matarse con él. Pregunto, pues: ¿en este caso qué haría? ¿qué diría? ¿con qué lágrimas, con qué ruegos, con qué razones procuraría revocar al hijo de tan mal camino? ¿y cuán ingeniosa y elocuente la haría para esto el amor de él? Pues por aquí entenderemos la que obra en los grandes amadores de Dios el deseo de la salvación de las ánimas y el dolor de su perdición, y cuántas y cuán eficaces razones les trae para esto a la memoria este mismo amor y dolor.

Y quien quisiere entender algo de este espíritu, lea los profetas, que fueron los predicadores que Dios escogió para reprenderlos pecados del mundo y señaladamente los primeros capítulos del profeta Jeremías, y verá en ellos tanta elocuencia divina que ni Tulio ni Demóstenes supieron usar de tanta variedad de figuras y sentencias y exclamaciones para afear y encarecer la ingratitud y malicia de los hombres, como este profeta lo hace; porque la indignación y sentimiento que el Espíritu Santo criaba en sus corazones le daba cosas que decir, con que confundiese los hombres desconocidos y rebeldes a Dios.

Y este mismo espíritu y sentimiento tenía nuestro glorioso padre santo Domingo, de quien se escribe que ardía su corazón como una hacha encendida por el dolor de las ánimas que perecían. Y este dolor le hacía decir cosas maravillosas cuando predicaba, para confundir y mover los corazones de los que lo oían. Y así, preguntándole una vez dónde había leído aquellas cosas tan excelentes que predicaba, brevemente respondió que en el librico de la caridad; porque el deseo tan encendido que tenía de la conversión de las ánimas le enseñaba a decir estas maravillas para convertirlas.

Pues en este librico, que para todos está abierto, había también leído en su manera este siervo de Dios; y éste le hacía predicar con tan grande espíritu y fervor, que movía grandemente los corazones de los oyentes; porque las palabras, que salían como saetas encendidas del corazón que ardía, hacían también arder los corazones en los otros. Ca es tan grande la fuerza de este espíritu, y excede tanto el común estilo y lenguaje de los predicadores, que como los magos de Faraón, vistas las señales que hacía Moisés, entendieron que allí entrevenía el dedo de Dios, que es la virtud y fuerza sobrenatural suya, así, cuando este padre predicaba, movido con este grande soplo y espíritu de Dios, luego entendían los hombres que aquellas palabras salían de otro espíritu más alto que el humano.

Pues el que de veras y de todo corazón desea aprovechar y mover los corazones de los otros, pida él a Nuestro Señor le dé el afecto y sentimiento que quiere causar en ellos. Lo cual nos enseñan los mismos maestros de la elocuencia, aunque en diferente materia. Uno de los cuales, tratando de la manera que el orador ha de mover los corazones de los que le oyen, comprende en pocas palabras cómo esto se ha de hacer, diciendo que la suma de todo este artificio consiste en que esté dentro de sí movido el que quiere mover a los otros. Quiere, pues, decir este maestro de la elocuencia, que de tal corazón y sentimiento salgan las palabras, cual es el que quiere imprimir en los ánimos de los otros; porque de otra manera, ¿cómo podrá mover a dolor, quien no se duele con lo que me dice? ¿Y cómo podrá mover a ira e indignación el que me quiere mover a ella, si él no la tiene? ¿Cómo haré llorar a los otros, si yo, que esto pretendo, tengo los ojos enjutos? No es posible; porque no calienta sino el fuego, ni nos moja sino el agua, ni cosa alguna da a otra color que ella no tiene. Esto escriben los que enseñan de la manera que habemos de mover los corazones de los que nos oyen; sin lo cual, como este autor dice, nunca se moverán.

Mas este afecto no se despierta en nosotros con las reglas que ellos dan, porque éste es, como dijimos, un especialísimo don del Espíritu Santo, el cual por ninguna arte ni regla se puede alcanzar; porque no basta toda la facultad e industria humana para hacer lo que obra el Espíritu divino. Y porque no todos los predicadores tienen este Espíritu, ni mueven los corazones ni los apartan de los vicios. Ca por experiencia vemos cuán lleno está el mundo de predicadores, y no vemos esa mudanza de vida en los oyentes. Lo contrario de lo cual mostraremos adelante cuando trataremos del fruto de los sermones de este padre.

Aquí es bien avisar que una de las cosas que más enciende este deseo de aprovechar es haber ya aprovechado, sacando algunos de pecados, o haciéndolos mudar la vida de bien en mejor. Porque no se puede ofrecer lance de mayor ganancia que la salvación de una ánima, ni hay trabajo más bien empleado que el que obra lo que la sangre de Cristo obró. Pues cebado el predicador con este tan grande fruto de su trabajo, y alegre con ver un ánima librada de las gargantas del dragón infernal y restituida a su Criador, procura en sus sermones enderezar todas las cosas a este fin, y concibe en su ánima una nueva alegría y confianza en su salvación, esperando que no permitirá Nuestro Señor que se pierda quien a otros libró de la perdición. La mujer del patriarca Jacob, después que se vio parida de tres hijos, se alegró mucho, diciendo: Agora me querrá más mi marido, porque le he parido tres hijos. Pues, según esto, ¿cuánta alegría y confianza tendrá el que con el oficio de la predicación hubiera engendrado no tres, sino muchos hijos espirituales para gloria de Cristo? Pues este cebo tan dulce anima tanto a nuestro predicador, que le hacía noche y día trabajar por esta caza; y éste le daba fervor y espíritu con que predicaba, y le hace encaminar todas las palabras y razones que predicaba a este fin.

3. Del sentimiento que debe tener de los que caen en pecado, y el que tuvo este padre

Mas porque, como es cierto que no hay amor sin dolor, como el amor de los prójimos nos hace procurar con estas ansias la salud de sus ánimas y alegrarnos con el remedio de ellas, así, por el contrario sus caídas son a los tales amadores materia de tan gran dolor, que no les alegra tanto la salud de los que se convierten, cuando les aflige la tristeza de los que caen.

Con este dolor llora el Apóstol la caída de algunos de los fieles de Corinto, por estas palabras: Con mucha tribulación y angustia de mi corazón os escribí y con muchas lágrimas; no para daros penas, sino para que veáis el amor que os tengo, el cual me es causa de este dolor. Y más adelante, en la misma carta renueva esta querella, diciendo: Tengo temor de que no os hallaré de la manera que yo querría, y que cuando viniere, a vuestra tierra halle pasiones y disensiones entre vosotros y con esto me humille Dios, y llore los pecados de los que le han ofendido y no han hecho penitencia de ellos. De esta manera lloraba y sentía este piadoso padre las caídas de sus hijos, teniéndolas por suyas propias; y por esto decía que le humillaba y afligía Dios con ellas. Pero aún más claramente muestra él este sentimiento en la carta que escribió a los de Galacia porque se habían desviado de la sinceridad del Evangelio; lo cual fue para el santo Apóstol un intolerable tormento; y heridas sus piadosas entrañas con este golpe, parece que se estaba deshaciendo por sacarlos de este gran error. Y así les dice: Hijuelos míos, que os vuelvo agora de nuevo a engendrar con dolores de parto, para que sea formado y renovado Cristo en vuestros corazones. Y porque por carta no podía significar la grandeza de este su dolor, añade luego diciendo: Quisiera hallarme agora con vosotros y mudar mi voz, porque me confunde esta vuestra caída. Y decir «mudar mi voz» es decir: querría dar mil semblantes y figuras, y usar de todos cuantos medios y razones pudiese, y tentar todas las vías posibles, ya con ruegos, ya con lágrimas, ya con temores y amenazas de la divina Justicia; y finalmente, querría deshacerme todo delante de vosotros para libraros de tan grande mal. Todo esto comprende aquella breve palabra «mudar mi voz».

Este es, pues, el dolor y sentimiento que tienen los espirituales padres cuando ven que los hijos que ellos engendraron a Cristo cayeron en alguna culpa, y con su caída entristecieron los ángeles y alegraron los demonios.

Pues de esta manera sentía este imitador y discípulo de san Pablo las caídas de sus espirituales hijos, como él lo declara en una carta que escribe a un predicador, cuyas palabras por ser mucho para notar, me pareció ingerir aquí. Pues en esta carta, después de haber explicado los trabajos que se pasan en la criación de estos hijos para que no mueran, dice así:

Porque si mueren, créame, padre, que no hay dolor que a éste se iguale; ni creo que dejó Dios otro género de martirio tan lastimero en este mundo, como el tormento de la muerte del hijo en el corazón del que es verdadero padre. ¿Qué le diré? No se quita este dolor con consuelo temporal ninguno; no con ver que, si unos mueren, otros nacen; no con decir lo que suele ser suficiente consuelo en todos los otros males: El Señor lo dio, el Señor lo quitó; su nombre sea bendito; porque como sea el mal del ánima, y pérdida en que pierde el ánima a Dios, y sea deshonra del mismo Dios y acrecentamiento del reino del pecado, nuestro contrario bando, no hay quien a tantos dolores tan justos consuele. Y si algún remedio hay, es olvido de la muerte del hijo; mas dura poco, porque el amor hacer que cada cosita que veamos y oigamos, luego nos acordemos del muerto; y tenemos por traición no llorar al que los ángeles lloran en su manera, y el Señor de los ángeles lloraría y moriría, si posible fuese. Cierto, la muerte del uno excede en dolor al gozo de su nacimiento, y bien de todos los otros.

Por tanto, a quien quisiere ser padre conviénele tener un corazón tierno y muy de carne para haber compasión de los hijos, lo cual es muy gran martirio; y otro de hierro para sufrir los golpes que la muerte da; porque no derriben al padre, o le hagan del todo dejar el oficio, o desmayar, o pasar algunos días que no entienda sino en llorar, lo cual es inconveniente en los negocios de Dios, en los cuales ha de estar siempre solícito y vigilante; y aunque esté el corazón traspasado de estos dolores, no ha de aflojar ni descansar; sino habiendo gana de llorar con unos, ha de reír con otros; y no ha de hacer como hizo Aarón, que, habiéndole Dios muerto dos hijos, y siendo reprendido de Moisés porque no había hecho su oficio sacerdotal, dijo él: ¿Cómo podía yo agradar a Dios en las ceremonias con corazón lloroso? Acá, padre, mándannos que siempre busquemos el agradecimiento de Dios y pospongamos lo que nuestro corazón querría; porque, por llorar la muerte de uno, no corran por nuestra negligencia peligro los otros.

De arte que, si son buenos los hijos, dan un muy cuidadoso cuidado, y si salen malos, dan una tristeza muy triste. Y así, no es el corazón del padre sino un recelo continuo y una continua oración, encomendando al verdadero padre la salud de sus hijos, teniendo colgada la vida de la vida de ellos, como San Pablo decía: Yo vivo, si vosotros estáis en el Señor.

Hasta aquí son palabras de la dicha carta, tan sentidas y dignas de ser impresas en nuestros corazones, como ellas lo muestran. Las cuales bastantemente declaran el espíritu y el celo que este siervo de Dios tenía de la salvación de las ánimas, pues tanto sentía sus caídas.

4. Del amor que se ha de tener y mostrar a los prójimos, y del que tenía este predicador

Y no solo imitaba al Apóstol en este doloroso sentimiento susodicho, sino también en otra cosa que grandemente ayuda a la edificación de los prójimos, que es en la ternura del amor que el santo Apóstol tenía y mostraba a sus hijos, con que robaba y cautivaba sus corazones, y hacía que amasen y estimasen la doctrina, por ser de la persona que amaban y estimaban; porque, cuando la persona es agradable, todas sus cosas también lo son. Este amor muestra el Apóstol en todas las cartas que escribe a sus espirituales hijos. Y así en la que escribe a los de Tesalónica dice así: «Habémonos hecho como niños entre vosotros, y como una ama que cría y regala sus hijos, amándoos con tan grande amor, que quisiéramos ofreceros no solo el Evangelio, sino también nuestras vidas, por la grandeza del amor que os tenemos». Y en otra que escribe a los fieles de la ciudad de Filipis, encendido con este amor, concluye su carta con estas palabras: Por tanto, hermanos míos amantísimos y muy deseados, gozo mío y corona mía, perseverad, carísimos míos, en el Señor. Y a los de Corinto, después de haber echado perlas preciosas por aquella boca santísima, en cabo, dice así: Nuestra boca está abierta para enseñaros a vosotros los de Corinto, y nuestro corazón está dilatado y ensanchado con la caridad y amor que a todos vosotros tengo, y así todos cabéis en él, y no estrecha, sino holgadamente; mas vuestro corazón está para mí estrecho. En las cuales palabras este divino amador, con unos santos celos se queja que no corresponden ellos con amor a la grandeza del amor que él les tenía; porque, cabiendo todos ellos holgadamente en su corazón, él no cabía con esta anchura en el de todos ellos. Pues de esta manera este amoroso padre, así en estos lugares como en otros de sus cartas, mayormente a los principios de ellas, trabaja como prudente ministro del Evangelio por aficionar los corazones de los fieles a su persona, porque de esta manera los aficionase a su doctrina.

Pues, siendo este cebo de amor un medio tan eficaz para cazar las ánimas, no era razón que a este nuestro cazador, y tan solícito imitador del Apóstol, faltase este mismo cebo. Y lo que de esto puedo, en suma, decir es que no sabré determinar con qué ganó más ánimas para Cristo, si con las palabras de su doctrina, o con la grandeza de la caridad y amor, acompañado de buenas obras, que a todos mostraba. Porque así los amaba y así se acomodaba a las necesidades de todos, como si fuera padre de todos, haciéndose, como el Apóstol dice, todas las cosas a todos por ayudar a todos. Consolaba los tristes, esforzaba los flacos, animaba los fuertes, socorría a los tentados, enseñaba los ignorantes, despertaba los perezosos, procuraba levantar los caídos, mas nunca con palabras ásperas, sino amorosas; no con ira, sino con espíritu de mansedumbre, como lo aconseja el Apóstol. Todas las necesidades de los prójimos tenía por suyas, y así las sentía y les procuraba el remedio que podía. Con esto se juntaba una singular humildad y mansedumbre, que son las dos virtudes que hacen a los hombres más amables; y, sobre todo, era tan señor de ira, que no pienso, por cosas que acaeciesen, que jamás le viese nadie airado; afligido, sí, por los males ajenos, gozándose con los que se gozan y llorando con los que lloran.

Esta caridad y amor para con todos muestra él en el principio de sus cartas, declarando el amor y memoria que tiene de aquellos a quienes escribe, y el deseo de su aprovechamiento, y cuidado de encomendarlos a Nuestro Señor. Mas no aprendió él esto de los preceptos de los retóricos, que así mandan que se haga cuando quieren algo persuadir, sino aprendiólo del espíritu de la caridad que en su corazón ardía, la cual hacía saltar estas centellas de amor afuera; porque lo que abundaba en el corazón salía por la boca. En lo cual también imitaba a su maestro san Pablo, que lo mismo hace al principio de sus cartas, como ya dijimos, porque el Espíritu Santo, que enseñaba al Apóstol comenzar sus cartas declarando la memoria y el cuidado y amor que tenía a aquellos a quien escribía, enseñó a éste, su imitador y discípulo, hacer lo mismo. De esta manera, pues, mostraba este siervo de Dios a los presentes con palabras, y a los ausentes con cartas, el amor entrañable que a todos tenía; lo cual de tal manera se persuadían los que con él familiarmente trataban, que cada uno pensaba que él era el más privado de todos, o singularmente amado. Porque así amaba a todos, como si para cada uno tuviera un corazón; lo cual es propio del amor que se funda en Dios; porque lo que se ama por interés, cesando éste, cesa el amor; mas lo que se ama por Dios, que es por hacer su santa voluntad, mientras ésta dura, siempre se ama.

Pues con estas muestras y obras de amor aficionaba a sí los ánimos de aquellos con quien trataba. Porque, como no hay cosa que encienda más un fuego que otro fuego, así no hay cosa que encienda más un amor que otro amor. Y aficionados a sí los corazones, se aficionaban también a todas sus palabras y obras, y de esta manera leían sus cartas. Por donde el que recibía una suya, la preciaba más que un gran tesoro. De esta manera, pues, el prudente ministro, con este amor ablandaba la cera de los corazones, y con la palabra de Dios imprimía el sello de la doctrina en ellos.

5. De la elocuencia y lenguaje de nuestro predicador

Con todo lo que hasta aquí está dicho no habemos aún llegado a lo que más de cerca sirve al oficio de la predicación, que es la ciencia y elocuencia que para este oficio son necesarias: la una, para saber las cosas que se han de predicar, y la otra, para saber cómo se han de explicar. Y si dijéremos que estas dos facultades nos da también la caridad, como todo lo demás que hasta aquí se ha dicho, no erraremos en ello. Porque, cuanto a la primera, que es la ciencia, también ésta en su manera nos enseña la caridad, como el Apóstol lo significa cuando escribiendo a los fieles de la ciudad de Filipis dice así: Esto pido, hermanos, a Nuestro Señor, que vuestra caridad más y más abunde en toda sabiduría, y en todo buen sentido y juicio, para que sepáis escoger lo mejor y lo que más os conviene. En las cuales palabras vemos cómo el Apóstol atribuye a la caridad el conocimiento de las cosas que pertenecen a nuestra salud.

Mas yo aquí, demás de la virtud de la caridad, añado que este ministro de Dios tuvo particular don de ciencia y elocuencia para este ministerio. Y en declarar lo que toca a la elocuencia no me detendré mucho; porque bastará decir que los que entienden en qué consiste la suma de la verdadera elocuencia, no la echarán de menos en las escrituras de este padre. Porque no consiste la fuerza de esta facultad en multiplicar muchas palabras que signifiquen lo mismo, ni en algunas florecías de metáforas y vocablos exquisitos; porque, como dice un gran maestro de este artificio, quiere decir: «Con mayor ánimo ha de abrazar el hombre la elocuencia; la cual, si tuviere el cuerpo esforzado y valiente, no hará caso de tener cortadas las uñas y el cabello muy peinado». Pues esta manera de verdadera y sólida elocuencia se verá en muchos lugares de las escrituras de este padre, mayormente en sus cartas. En la cuales unas veces consuela los tristes, otras esfuerza los pusilánimes, otras exhorta a padecer por Dios trabajos, otras mueve los ánimos al menosprecio del mundo, al dolor de los pecados, a poner toda su confianza en Dios, y otras a otros afectos y virtudes semejantes. Lo cual hace con tanta fuerza de razones y consideraciones, y testimonios y ejemplos de la Santa Escritura, que deja al hombre consolado y esforzado y persuadido en lo que él pretende.

Y para prueba de esto, no quiero alargar los plazos, sino véase la segunda carta del primer tomo de su Epistolario, en la cual esfuerza a un predicador a no hacer caso de las persecuciones de los malos.

Lo cual le persuade con tanta fuerza de razones, que bastarían para persuadir y convencer un corazón de piedra. ¿Pues, cuál otro es el fin de la verdadera elocuencia sino éste? Porque como el fin de la medicina es sanar, así el de la elocuencia es persuadir. De donde se sigue que, como aquel será mejor médico que más enfermos sanare, así aquel será más elocuente que con mayor eficacia persuadiere. Y los que esto pretenden hacer con solas palabras, sin los nervios de las razones, son como árboles cargados de hojas y de flores sin fruto alguno; y por eso podría ser que éstos deleiten los oídos, mas no moverán los corazones.

Ni tampoco en el lenguaje de las palabras con que explica sus conceptos, que es la menor parte de la elocuencia, carece de ella. Para prueba de esto, alegaré el ejemplo de Demóstenes, príncipe de los oradores de Grecia, el cual es alabado entre todos los oradores, porque, siendo sus razonamientos y oraciones muy estudiadas, no mostraba algún linaje de artificio y estudio, por ser su lenguaje tan propio y tan natural, que, si la naturaleza hablara, parece que de aquella manera hablara. Pues este lenguaje, ajeno a toda afectación y artificio, que basta para explicar el predicador sus conceptos, es el que más conviene para persuadir y mover los corazones. Y si algunas veces usa de metáforas, son de las que más al propio explican las cosas que quiere declarar, nacidas de las mismas cosas que trata, y no acarreadas de fuera. Porque los predicadores que hacen lo contrarío y pretenden mostrarse elegantes y buenos romanticistas, sepan que muy poco aprovecharán. Porque los oyentes que tienen algún juicio, entienden que el que así predica se va escuchando y saboreando y floreando en lo que dice, pretendiendo más mostrarse muy buen hablador que deseoso de aprovechar. Y cuanto más elegante fuere, tanto menos aprovechará; porque verdadera es aquella sentencia de los retóricos que dice: Iacent sensus in oratione, in qua verba laudantur; quiere decir, que pierden los hombres la atención a las cosas cuando son muy elegantes las palabras, porque éstas hurtan la atención a las sentencias, y no miran lo que se les dice por mirar cómo se les dice. Lo bueno que tienen los tales predicadores es que siempre salen con lo que pretenden; ca su intención principal es agradar más a los oídos que herir los corazones, y desear más las alabanzas del pueblo que la gloria de Cristo. Mas el que desea cumplir con Él, y no pende del decir de los hombres apasionados, sino del testimonio de Dios y de su conciencia procure que su lenguaje sea como el de este padre, ajeno de toda curiosidad y vanidad y artificio; y así obrará más con sus buenas razones que con elegantes y pulidas palabras.

Y el que quisiere ver algunos lugares de sus escritos tratados con grande elocuencia, lea en el Audi, Filia, en el capítulo 32, el cual va impreso con este tratado, de la manera que amplifica la divina misericordia, y la facilidad con que perdonó al rey Ezequías, revocando la sentencia que estaba ya promulgada. Y lea también en este mismo libro el capítulo 68, donde trata este lugar de los Cantares: Salid, hijas de Sión, y veréis al rey Salomón con la corona que le coronó su madre, etc. y no deseará más elocuencia que la que aquí verá; mas ésta no salida de los preceptos y reglas de los retóricos, aunque muy conforme a ellos, sino de la caridad y de las entrañas de compasión que este amador de Cristo le tenía. Porque propiedad es de todos los afectos y pasiones, cuando son vehementes, hacer a los hombres elocuentes, mayormente el amor y el dolor. Y de estas dos fuentes procedió aquí la elocuencia de este lugar, en el cual la pluma escribía lo que el amor y el dolor, o, por mejor decir, el Espíritu Santo, le dictaba.

Capítulo III. De la especial lumbre y conocimiento que a este siervo de dios fue dado

Hasta aquí hemos tratado de la elocuencia de nuestro predicador; agora será razón tratar de lo que importa más, que es la ciencia y la especial lumbre de Nuestro Señor que para este oficio le fue dada. Y porque de esto no tenemos revelación, mostrarse ha por las conjeturas e indicios que este nos testifican.

Entre los cuales, el primero es el fruto admirable y extraordinario, sobre todo lo que se puede explicar, que hizo con sus sermones en muy gran parte del Andalucía, sacando muchas ánimas de pecado, y esforzando a otras a mudar la vida, de lo cual trataremos adelante. Porque, siendo propio de la palabra de Dios no volver a Él vacía, como el profeta dice, mas antes acabar prósperamente todo que pretende, argumento es que eran palabras de Dios dadas a este su siervo las que éste tan excelente efecto hacían.

Mas pasemos a otro mayor indicio de esta gracia, que es la facilidad y presteza que tenía, así en el estudio de los sermones como en las cartas que escribía. Porque él me decía que la noche que precedía el día del sermón le bastaba para estudiarlo. Y con ser tales los sermones, y frecuentados de tantos oyentes, que las más veces duraban dos horas, no le costaban más que el estudio de una noche; de modo que más tiempo se gastaba en predicarlos que en estudiarlos, costando a otros el trabajo de una semana y el revolver unos y otros libros. Mas, como se dice del grande Antonio, que tenía la memoria por libros, así él tenía por libros en su pecho la lumbre del Espíritu Santo, que le enseñaba todo lo que había de decir. Mas en un tiempo, determinando ser más breve en los sermones, me decía que estudiaba más para esto. En lo cual entenderemos que eran tantas las riquezas y tanta la afluencia de las cosas que su buen espíritu le ofrecía, que tenía necesidad de más estudio, no para hallar qué decir, sino para acortar lo que se le ofrecía que decir.

Mas de la eficacia de sus sermones ya dije que trataríamos adelante; agora diremos de sus cartas, en las cuales no es menos admirable que en los sermones.

1. De la excelencia de sus cartas

Y primeramente, como este siervo de Dios, según que al principio dijimos, determinó cumplir lo que el Apóstol nos pide, que seamos imitadores suyos como él lo era de Cristo, viendo él, como el santo Apóstol, no solo con palabras en presencia sino con cartas en ausencia, pretendía atraer todos los hombres a Cristo, así este humilde discípulo e imitador suyo de ambas cosas se aprovechaba, para que presente y ausente siempre tratase este mismo negocio. Y así, entre cuantos predicadores hubo en su tiempo, él solo se señaló en esta diligencia, escribiendo tantas maneras de cartas para diversas necesidades como vemos agora impresas. Las cuales nunca él imaginó que saliesen a la luz como agora han salido por industria y diligencia de sus fieles discípulos, que de diversas partes las recogieron. Y así, como hombre transformado en este deseo de salvar las ánimas, en todo tiempo y lugar trataba de él; en casa y fuera de casa, predicando en público y escribiendo en secreto.

Pues en estas cartas veremos la especial facultad y gracia que Nuestro Señor le había dado. Porque siendo tantas y tan diferentes las materias sobre que escribía cuantas eran las necesidades que se le ofrecían, a todas acudía tan de propósito como si en solas aquellas estuviera resoluto. De esta manera consuela los tristes, anima los flacos, despierta los tibios, esfuerza los pusilánimes, socorre a los tentados, llora a los caídos, humilla a los que de sí presumen. Y es cosa de notar ver cómo descubre las artes y celadas del enemigo, qué avisos da contra él, qué señales para conocer los hombres su aprovechamiento o desfallecimiento; cómo abate las fuerzas de la naturaleza; cómo levanta las de la gracia; con qué palabras declara la vanidad del mundo, y la malicia del pecado y los peligros de nuestra vida; cuán copioso y continuo es en exhortarnos a la confianza en la Providencia paternal de Dios, y en los méritos y sangre de Cristo.

Y como sea verdad lo que el Apóstol dice, que todas las Escrituras santas sirven para nuestra doctrina, para que, por la paciencia y consolación que nos dan, se esfuerce nuestra esperanza, es cosa para notar cuánta eficacia tienen sus palabras para movernos a la paciencia en los trabajos, para alegrar los tristes y para consolar los desconsolados. En las cuales cosas es tan extremado, que puede él en su manera decir aquellas palabras del profeta: El Señor me ha dado una lengua discreta para que sepa yo con mis palabras sustentar a los flacos para que no caigan.

Y no contento con esto, avisa también a las personas de diversos estados lo que deben hacer, imitando al Apóstol, que al fin de sus cartas hace lo mismo. Y conforme a esto, da sus documentos a los señores de vasallos para cumplir con la obligación de sus estados; así también da sus avisos a los sacerdotes para que dignamente celebren, y a los predicadores para que fructuosamente prediquen, y a las vírgenes desposadas con Cristo para que guarden con todo estudio el tesoro de su pureza virginal, y así a todos los demás. En lo cual parece que el pecho de este padre era una espiritual botica, donde el Espíritu Santo había depositado las medicinas necesarias para la cura de tantas enfermedades como padecen nuestras ánimas; que sin duda son más que las de los cuerpos.

Y aunque lo dicho sea cosa notable, mas a mi rudeza confieso que espanta más la facilidad y presteza con que estas cartas se escribían. Porque, con ser ellas tales y tan acomodadas, y, si decir se puede, armadas con razones tan fuertes para persuadir lo que pretende, era tan fácil en escribirlas, que sin borrar ni enmendar nada, porque no le daban sus ocupaciones lugar, como salían de la primera mano las enviaba. Los hombres de ingenio, cuando quieren escribir una cosa bien escrita, la dan mil vueltas, leyéndola y releyéndola, quitando y poniendo y pesando cada palabra; del cual trabajo no estaba libre Demóstenes, maestro de la elocuencia, porque por esto se decía que sus oraciones «olían a candil». Y con ser esto así, siendo las cartas de este padre tales cuales habemos dicho, no le costaban más trabajo que el de la primera mano. Por donde pudiera él, en su manera, decir aquello del Profeta David: Mi lengua es pluma de un escribano que escribe muy aprisa. Lo cual dice, porque así él, como los otros profetas, que escribían inspirados por el Espíritu Santo, no estaban deliberando ni pesando las palabras, sino como órganos suyos, abrían su boca y Él meneaba la lengua como le placía. Lo cual en su manera vemos en este siervo de Dios, pues así le corría la vena de lo que había de escribir con la facilidad que está dicho.

En las cuales cartas se debe también notar que, como muchas de ellas se escriban a grandes señores y otras a otros medianos, también hay otras escritas muy de propósito a personas bajas, a las cuales con la misma caridad escribía él muy largo y muy de propósito, según que la necesidad lo pedía, reconociendo con el Apóstol que era deudor a sabios e ignorantes. Y siendo condición natural de los hombres avisados y discretos holgar de hablar con otros tales, y no con personas bajas y de groseros entendimientos, este siervo de Dios, tan de propósito y tan largo escribía a estos como a los discretos y grandes señores; como persona que no miraba en los hombres más que a solo Cristo, que los redimió con su sangre, de donde les viene la verdadera nobleza, en cuya comparación toda otra nobleza es nada.

Concluyendo, pues, esta materia, digo que cualquier hombre prudente que leyere estas cartas y notare lo que aquí habemos apuntado, que es la variedad de las materias, la alteza de las sentencias, la fuerza de las razones y lugares de la Escritura con que se tratan y, sobre todo, la facilidad y presteza con que se escribieron, luego entenderá que el dedo de Dios entrevenía aquí.

Y lo que entre estas cosas más nos maravilla es que no solo tenía esta facultad y gracia en la materia de las cosas espirituales, de que él tenía experiencia, sino también en las que pertenecen al buen gobierno de una república cristiana, como claramente se ve en una larga carta que escribió al asistente de Sevilla, en la cual le da tantos avisos y documentos para el buen gobierno de ella, como si toda la vida hubiera gastado en negocios de república. Los cuales, si se guardasen, tendríamos una república más bien ordenada que la que trazó Platón. Ni se espante de esto nadie; porque del espíritu que este padre tenía se escribe que es unicus et multiplex, esto es, que, con ser sencillo, es múltiple, porque todas las cosas entiende y penetra por su pureza y sutileza. Y es de creer que esta facultad y conocimiento alcanzó él por medio de su oración, que él tenía luego por la mañana, como adelante trataremos. Y así vemos cumplido en él lo que el Eclesiástico dice, que el varón justo luego por la mañana entrega su corazón al Señor que le crió; y que abrirá su boca en la oración y pedirá perdón de sus pecados. Y añade luego el fruto de esta oración, diciendo: Porque si el gran Dios y Señor quisiere, henchirlo ha de espíritu de sabiduría, y él así lleno de este espíritu derramará como lluvia las palabras de su sabiduría. Y alabarán muchos esta sabiduría y eternalmente nunca será olvidada. Vemos, pues, los que hoy somos vivos el cumplimiento de estas palabras y favores de Dios; pues oímos, cuando él vivía, su doctrina, y agora cuan alegre y suave es la memoria de él en los corazones de los que con ella aprovecharon cuando lo oyeron, y agora aprovechan y aprovecharán siempre cuando la leyeren.

2. De la alteza de sus conceptos

Sobre estos indicios tenemos otro mucho mayor y más digno de ser advertido que los pasados, que es la alteza de los conceptos que tenía de las virtudes y de todas las cosas espirituales. Por donde un insigne teólogo, que había leído algo de sus obras, se maravillaba de ver cuán bien había entendido este varón de Dios el negocio de la cristiandad. Y pensando yo en la causa de esto, hallo que la vida muy alta y muy extraordinaria del común de los otros hombres virtuosos, necesariamente ha de tener los conceptos de las virtudes y de las cosas divinas más altos que ellos, porque haya proporción y correspondencia entre las virtudes y los conceptos de donde ellas proceden; como la que hay entre la imagen que dibuja el pintor y la forma que él tiene concebida en su entendimiento; porque de esta interior, como de causa formal, procede la figura exterior que él dibujó.

Pues, para la inteligencia de esto, que grandemente/ nos importa, será necesario referir aquí algunos conceptos suyos sacados de sus mismas escrituras, y especialmente de sus cartas, en las cuales veremos lo que él sentía de todas estas cosas. Y éste es, a mi juicio, uno de los mayores frutos que de esta historia se pueden sacar, si trabajare el deseoso de la perfección por tener los mismos conceptos y pareceres en todas las cosas espirituales que este varón de Dios tenía. Por esta causa no se espante el cristiano lector que me detenga algo en esta parte, ingiriendo aquí mayores pedazos de sus cartas; porque, demás del fruto susodicho, las cosas que aquí entremetemos contienen sentencias dignísimas de ser leídas.

Para la inteligencia de esto se ha de presuponer que una de las principales partes de la filosofía cristiana es saber estimar y ponderar la dignidad y quilates de todas las cosas espirituales, pesándolas, no con el peso de Canaán, que es el juicio engañoso de los hombres del mundo, que dicen de lo bueno mal y de lo malo bien, sino con el peso del Santuario, que es el juicio de Dios y de sus santos, los cuales dan a cada cosa su peso, y conforme a él, su amor y afición. De esta gracia se gloría la esposa de los Cantares diciendo que el Esposo había ordenado en ella la caridad, esto es, que supiese guardar orden en el amor, amando cada cosa como ella merecía ser amada. Lo cual no podía ser sino dándole conocimiento del valor y precio de las cosas, para que así las preciase, y graduase el amor que a cada una se debe dar. Lo cual importa tanto para el estudio de la virtud, que dijo Séneca: Quid tam necessarium quam pretia rebus imponere? Esto es: «¿Qué cosa hay tan necesaria como saber el precio y valor de cada cosa?».

Pues, volviendo al propósito, digo que uno de los mayores indicios que tenemos de haber recibido este siervo de Dios especial lumbre del Espíritu Santo es la alteza de los conceptos y pareceres que tenía, así de las virtudes como de todas las cosas espirituales. Lo cual veremos a la clara, notando algunos conceptos que él tenía de estas cosas, explicados por las mismas palabras que leemos en sus escrituras que aquí referiremos.

3. Lo que sentía del oficio de la predicación

Pues, comenzando por la estima y concepto que él tenía del oficio de la predicación, léase la primera carta del primer tomo de su Epistolario, y en ella se verá la estima que él tenía de la alteza de este oficio, y de la pureza de la intención que en él se debe tener, y las oraciones y lágrimas de que el predicador se ha de ayudar, pidiendo a Nuestro Señor la conversión de las ánimas, haciendo más caso de estas que de sus palabras, y el cuidado y trabajo y paciencia que ha de tener en criar y conservar los hijos espirituales que con la semilla de la palabra de Dios hubiere engendrado, y el sentimiento y dolor entrañable que ha de tener cuando algunos de estos viere caídos. Pues quien ésta carta leyere y notare, verá cuán lejos están de este espíritu muchos de los que ejercitan este oficio. Los cuales, aunque, cuando están para subir al púlpito, hacen oración para que les suceda bien el negocio, mas Dios sabe de qué espíritu procede esta oración si del amor propio y temor del mundo, o del amor de Dios y deseo de salvar las ánimas. Porque este amor propio que dentro de nuestro pecho traemos, es tan sutil que en todas las cosas se entremete; y tan escondidamente, que apenas hay quien lo conozca, y muchas veces miente y engaña a su mismo dueño, como dice san Gregorio.

Pues el predicador que quisiere entender muy de raíz la alteza de este oficio, que sirve a la salvación de las ánimas, para la cual crió Dios todas las cosas y Él mismo se hizo hombre, y murió por ellas, y ejercitó en la tierra este mismo oficio, cuyo sustituto y como vicario es el predicador, lea y pondere esta primera carta, y tendrá el concepto y juicio que de este tan alto oficio, se debe tener; porque, cierto, ella es dignísima de ser leída.

4. Lo que sentía de la dignidad del sacerdote

Pasemos de la dignidad del predicador a la del sacerdote, y veremos cuán diferente concepto y estima tiene este padre de la dignidad sacerdotal, de la que el común de los hombres tiene. Lo cual declara él muy bien en la séptima carta del dicho tomo, respondiendo a un mancebo que le pedía consejo sobre si tomaría órdenes de Misa; cuyas palabras quise referir aquí, que son las que se siguen:

En otros tiempos, cuando se estimaba el sacerdocio en algo de lo mucho que es, no lo recibía nadie, si no era para ser obispo, o tener cura de ánimas, o alguna persona eminente en la predicación de la palabra de Dios; y los demás que eran eclesiásticos quedábanse en ser diáconos o subdiáconos, o de los otros grados más bajos. Y entonces tenían grados bajos y vida altísima. Todo lo cual está agora al revés; que los que tienen el grado supremo del sacerdocio, no tienen vida para buenos lectores o ostiarios. Creed, hermano, que no otro sino el diablo ha puesto a los hombres de estos tiempos en tan atrevida soberbia de procurar tan rotamente el sacerdocio, para que, teniéndolos subidos en lo más alto del templo de allí los derribe; ca la enseñanza de Cristo no es ésta, sino hacer vida que merezca la dignidad, y huir de la dignidad; y buscar más santa y segura humildad, aun en lo de fuera, que ponerse en lo alto adonde más y mayores vientos combaten.

¡Oh, si supiésedes, hermano, qué tal había de ser un sacerdote en la tierra, y qué cuenta le han de pedir cuando salga de aquí! No se puede explicar con palabras la santidad que se requiere para ejercitar oficio de abrir y cerrar el cielo con la lengua; y, al llamado de ella, venir el Hacedor de todas las cosas; y ser el hombre hecho abogado por todo el mundo universo, a semejanza de nuestro Maestro y Redentor Jesucristo en la cruz. Hermano, ¿para qué os queréis meter en tan hondo piélago, y obligaros a cuenta estrecha para el día postrero; pues, por bajo estado que tengáis, aún os parecerá aquel día gran carga, cuanto más si os cargáis de carga que los hombros de los ángeles temblarían de ella?

Buscad aquel modo de vivir que más segura tenga vuestra salvación, y no que más honra os dé en los ojos de los hombres; que, al fin, este consejo os ha de parecer bien algún día a vos y a cuantos lo contrario os dijeren; los cuales, como no saben qué cosa es ser sacerdote, y como tienen los ojos puestos, no en la cuenta que se ha de pedir, sino en cómo vean un poco honrado en los ojos del mundo a su hermano, primo, o pariente o amigo, meten al pobre en lazo tan temeroso; y paréceles que quedan ellos en salvo y que el otro allá se lo haya con Dios. Consejo es, hermano, éste averiguadamente de carne. Y de aquí vienen muchos a tomar y hacer tomar ese sacrosanto oficio por tener un modo con que mantenerse, y hacerse entender que lo quiere para servir a Dios. ¡Oh abusión tan grande, de evangelizar y sacrificar por comer, ordenar el cielo para, la tierra, y el pan del alma para el del vientre! Quéjase de esto Jesucristo nuestro Redentor, porque no le buscan por Él, sino por el vientre de ellos; y castigarles ha como a hombres despreciadores de la Majestad divina. Cierto, mejor sería aprender un oficio de manos, como muchos santos de los pasados lo hicieron, o entrar en un hospital a servir a los enfermos, o hacerse esclavo de algún sacerdote, y así mantenerse, que con osadía temeraria atreverse a hollar el cielo para pasar a la tierra, estándonos mandado por nuestro Dios y Señor lo contrario.

Veis aquí, hermano, lo que os aconsejo que hagáis si queréis agradar a Dios y permanecer en su santo servicio. Y esto es lo que siento del santo sacerdocio, al cual querría más que reverenciásedes de lejos, que no abrazásedes de cerca; y que quisiésedes más esta dignidad por señora que por esposa. Y si algo hubiéredes de hacer, sea tomar grado de Epístola y después de dos o tres años, de Evangelio; y quedaos allí, si no hubiere unas grandes conjeturas del Espíritu Santo, que es Dios servido a levantaros al grado más alto. Y estáis muy bien donde estáis sin blanca de renta, mucho mejor que en Roma con cuanto tiene el que os convida con ella. Sabed conocer la dignidad de los enfermos a quien servís, y sabed llevar las condiciones de aquellos con quien tratáis y haced cuenta que estáis en escuela de aprender paciencia y humildad y caridad, y saldréis más rico que con cuanto el Papa os puede dar.

Hasta aquí son palabras de la carta; en las cuales se ve claro cuán diferente concepto y estima tenía este padre de la dignidad sacerdotal, de la que los hombres agora tienen; los cuales tan sin escrúpulo y aparejo procuran esta dignidad como si fuese algún oficio mecánico, más para buscar mantenimiento para sus cuerpos que remedio para sus ánimas. Y cual es la entrada en este santuario tal es la devoción y reverencia con que lo tratan.

A algunos, por ventura, parecerá riguroso este parecer, tomando para esto por argumento la costumbre de los tiempos presentes; mas este padre pesa las cosas con el peso del Santuario que dijimos, esto es, con la estima que de esta dignidad tuvieron los santos antiguos, por cuyo parecer él se regía, y no por el que la malicia o la mudanza de los tiempos tiene. San Cipriano, en una de sus epístolas, declaró al pueblo que había hecho lector a un mancebo porque había sido muy constante en la confesión de la fe en medio de los tormentos; y por esto se excusa de no haber tomado su parecer para esto, como era costumbre, diciendo que no era necesario el testimonio y aprobación de los hombres donde entrevenía el de Dios. Digo, pues, que si para dar a uno grado de lector, que es de las órdenes más bajas, tanto consejo era menester, ¿qué será necesario para la dignidad del sacerdote, la cual recusó san Marcos, evangelista, y el glorioso padre san Francisco, y aceptó san Agustín, mas no por su voluntad, sino forzado por obediencia de su obispo? Pues por el parecer de estos se gobernaba este padre, y no por el juicio y estilo de los tiempos.

5. Lo que sentía del aparejo para celebrar

Visto cuán altamente siente este siervo de Dios de la dignidad sacerdotal, síguese que veamos lo que siente del aparejo para celebrar. En lo cual también podremos entender cómo él se aparejaba para este oficio; pues es cierto que un tal varón no había de enseñar a otros lo que él no hacía, antes es de creer que excedía él mucho en lo que a los otros aconsejaba. Y esta consideración pertenece a la historia de las virtudes y vida de este religioso padre de que aquí tratamos; y así con las mismas palabras que él enseñaba a otros, entenderemos lo que él tomaba para sí. Y en este ejemplo verán los sacerdotes temerosos de Dios de la manera que se han de aparejar para celebrar. Pues en la séptima carta del primer tomo de su Epistolario, entre otras cosas, enseña a un sacerdote de la manera que se debe aparejar para decir misa, por estas palabras:

Sea —dice él— la primera regla, que en recordando de noche del sueño, le parezca que oye en sus orejas aquella voz: Ecce sponsus venit, exite obviam ei. Y pues el haber de recibir a un amigo, especialmente si es gran señor, tiene suspenso y cuidadoso al que lo ha de recibir, ¿Cuánto más razón es que del todo nos ocupe el corazón este Huésped que aquel día hemos de recibir, siendo tan alto, y tan a nosotros conjunto, que es adorado de ángeles y hermano nuestro? Y con esta consideración rece sus horas, y después póngase de reposo, a lo menos por hora y media, a más profundamente considerar quién es el que ha de recibir; y espántese de que un gusano hediondo haya de tratar tan familiarmente a su Dios y pregúntele: «Señor, quién te ha traído a manos de un tal pecador, y otra vez al portal y pesebre de Betlén?» Acuérdese de san Pedro, que no se halló digno de estar en una navecica con el Señor; el centurión no le osa meter en su casa; y otras semejantes consideraciones, por las cuales aprenda a temer hora y obra tan terrible, y a reverenciar a tan gran Majestad. Piense que esto es un traslado de la vida y muerte del Salvador, y de aquella obra cuando el padre Eterno envió a su Hijo al vientre virginal para que salvase al mundo. Y así viene agora a aplicarnos la medicina y riquezas que entonces nos ganó en la cruz. Luego suplique a nuestra Señora, por el gozo que hubo en la Encarnación, que le alcance gracia para bien recibir y tratar al Señor que Ella recibió en sus entrañas. Acabada la misa, recójase media hora, o una, y dé gracias al Señor por tan gran merced de haber querido venir a establo tan indigno. Pídale perdón del ruin aparejo, y suplíquele le haga mercedes, pues suele Él dar gracia por gracia.

Hasta aquí son las palabras de la primera carta; mas en otra antes de ésta prosigue la misma materia, enseñando a un sacerdote la manera de este aparejo. Y así le dice que la primera cosa que debe considerar, es mirar que aquel Señor con quien vamos a tratar, es Dios y, junto con esto, considerar la causa por qué al altar viene. Cierto, señor, eficacísimo golpe es para despertar a un hombre considerar de verdad: «A Dios voy a consagrar y a tenerlo en mis manos, y hablar, con Él y a recibirlo en mi pecho». Miremos esto; y si con espíritu del Señor esto se siente, basta y sobra para que de allí nos resulte lo que hemos de menester para, según nuestra flaqueza, hacer lo que en este oficio debemos. ¿Quién no se enciende en amor con pensar: al bien infinito voy a recibir? ¿Quién no tiembla con amorosa reverencia de Aquél de quien tiemblan los Poderes del cielo, y no de ofenderle, sino de hablarle y servirle? ¿Quién no se confunde y gime por haber ofendido a aquel Señor que presente tiene? ¿Quién no confía con tal prenda? ¿Quién no se esfuerza a hacer penitencia por el desierto con tal viático? Y, finalmente, esta consideración, cuando anda en ella la mano de Dios, totalmente muda y absorbe al hombre y le saca de sí, ya con reverencia, ya con amor, ya con otros afectos poderosísimos causados de la consideración de su presencia; los cuales, aunque no se sigan necesariamente de esta consideración, nos son fortísima ayuda para ello, si el hombre no quiere ser piedra, como dicen. Y enciérrense dentro de su corazón y ábralo para recibir aquello que de tal relámpago suele venir. Y pida al mismo Señor que por aquella bondad misma que tal merced le hizo deponerse en sus manos, por aquella misma le dé sentido para saber estimarlo y reverenciarlo y amarlo como es razón.

Y luego más abajo dice:

¡Oh, señor, y qué siente un ánima cuando ve que tiene en sus manos al que tuvo nuestra Señora, elegida y enriquecida con celestiales gracias para tratar a Dios humanado, y coteja los brazos de ella y sus manos y sus ojos, con los propios! ¡Qué confusión le cae! ¡Por cuán obligado se tiene con tal beneficio! ¡Cuánta cautela debe tener en guardarse todo para Aquel que tanto le honra con ponerse en sus manos, y venir a ellas por las palabras de la consagración! Estas cosas, señor, no son palabras secas, no consideraciones muertas, sino saetas arrojadas del poderoso arco de Dios, que hieren y trasmudan el corazón, y le hacen desear que, en acabando la misa, se fuese el hombre a considerar aquella palabra del Señor: *Scitis quid fecerim vobis?* ¡Oh, señor, quién supiese *quid fecerit nobis Dominus* en esta hora! ¡Quién lo gustase con el paladar del ánima! ¡Quién tuviese balanzas no mentirosas para lo pesar! ¡Cuán bienaventurado sería en la tierra! ¡Y cómo, en acabando la misa, le sería gran asco ver a las criaturas, y gran tormento tratar con ellas, y su descanso sería estar pensando *quid fecerit ei Dominus*, hasta otro día que tornase a decir misa!

Concluyamos ya esta plática tan buena, y tan propia de ser obrada y sentida y supliquemos al mismo Señor que nos hace una merced, nos haga otra; pues dádivas suyas, sin ser estimadas, agradecidas y servidas, no nos serán provechosas. Antes, como san Bernardo dice, que el *ingrato eo ipso pessimus, quo optimus*. Miremos todo el día cómo vivimos, para que no nos castigue el Señor en aquel rato que en el altar estamos; y traigamos todo el día este pensamiento: «Al Señor recibí, a su mesa me asenté, y mañana estaré con Él»; y con esto huiremos todo mal y esforzaremos el bien.

Hasta aquí son palabras de la carta, las cuales, nos declaran por una parte lo que este varón de Dios sentía del aparejo para tratar este tan alto Sacramento, y por otra nos da materia para llorar, considerando con cuán diferente aparejo celebra el día de hoy la mayor parte de los sacerdotes. Y pues, por falta de este aparejo y reverencia, dice el Apóstol que castigaba Dios a los fieles de Corinto, no se maravilla que por esta misma culpa castigue hoy Dios con tantos azotes al pueblo cristiano; pues los que llenen por oficio aplacar a Dios y ofrecerle sacrificios por los pecados del pueblo, lo hacen de tal manera, que han menester quien aplaque a Dios por ellos; y así viene a cumplirse lo que amenaza Dios por su profeta, diciendo: «Busqué entre ellos algún varón que interviniese por ellos, y me fuese a la mano para que no destruyese la tierra, y no le hallé; y por eso derramé sobre ellos mi ira.»

6. De la caridad y amor para con Dios

Mas, porque el fin, así de esta historia como de todas las escrituras católicas, es inducir los hombres al aborrecimiento de los vicios y amor de las virtudes, de algunas de éstas comencemos agora a tratar, declarando los conceptos que este siervo de Dios tenía de ellas, estimándolas diferentemente de lo que el común de los hombres las estiman. Lo cual tratamos aquí no solo por entender los conceptos y pareceres de este padre, sino para imitadle, sintiendo de las cosas lo que él sentía.

Dice que en la caridad consiste la suma de toda ley. Pues para cumplir con lo que nos pide esta virtud, nos provee este padre de dos consideraciones en el libro de Audi, Filia: la una de las cuales procede de mirar el hombre a sí (cf`. cap. 94) y la otra de mirar a Cristo.

La primera se funda en aquella palabra del Eclesiástico, que dice: De lo que quieras para ti, entiende lo que debes hacer para con tu prójimo. Pues de esto que pasa en el hombre, así en sentir sus trabajos como en desear los remedios, aprenda y conozca lo que el prójimo siente, pues es de la misma naturaleza de él; y con aquella misma compasión los mire, remedie y sufra, con que mira a sí mismo y desea ser remediado. Porque de otra manera, ¿qué cosa puede ser más abominable que querer misericordia en sus yerros y venganza en los ajenos; querer que todos le sufran con mucha paciencia, pareciéndole sus yerros pequeños, y no querer él sufrir a nadie, haciendo de la pequeña mota del defecto ajeno una grande viga? Hombre que quiere que todos miren por él y le consuelen, y él ser desabrido y descuidado para con los otros, no merece llamarse hombre, pues no mira a los hombres con ojos humanos, que deben ser piadosos. La Escritura dice:

Tener peso y peso, medida y medida, abominación es delante de Dios; para dar a entender que quien tiene una medida grande para recibir y otra pequeña para dar, que es desagradable ante los ojos divinos. Y su castigo será que, pues él no mide a su prójimo con la misericordia que quiere que midan a él, que mida Dios a él con la crueldad y estrecha medida que él midió a su prójimo. Porque de otra manera oirá lo que la Escritura dice: que quien cerrare el oído a la voz del pobre, él llamará y no será oído. Pobre es todo hombre, y no hay quien no tenga alguna necesidad: miremos, pues, sí nos hacemos sordos a ella, que así se hará Dios a la nuestra. Ni piense nadie que le medirá Cristo con otra medida que con la que a su prójimo midiere. No piense alcanzar perdón quien no da perdón. Desgracia hallará el desgraciado, y pesadumbre el pesado, e injuria el injuriador y caridad el caritativo. Porque sembrar espinas en el prójimo y querer coger de Dios higos, no es posible. Y porque muchos no miran esto, hay pocos que suavemente sean tratados de Dios, y muchos quejosos que Dios se olvida de remediar sus penas. Maravíllanse cómo Dios les envía trabajos de dentro y de fuera, mayormente llamándose misericordioso; los cuales llaman, piden, buscan y no hallan remedio; y de ahí les viene la queja. Mas si no fuesen sordos a la ley que Dios en su Evangelio tiene publicada, diciendo: Con la medida que midiéreis seréis medidos, verían que ellos son los que faltan a Dios, y no Dios a ellos. Quéjense, pues, de sí, que no tienen caridad con su prójimo; que Dios mucha tiene; y no es razón ni quiere hacerla con quien a su prójimo no la hace.

Después de este motivo de amor, que nace de mirar al hombre a sí mismo, añade dos cristianísimas consideraciones que proceden de mirar a Cristo, de las cuales trata en los capítulos 95 y 96 del dicho libro. Pues cuanto a la primera de estas consideraciones, dice así:

Poned los ojos en Cristo, y pensad con cuanta misericordia se hizo el Hijo de Dios hombre por amor de los hombres, y con cuánto cuidado procuró en toda su vida el bien de ellos y con cuán excesivo amor y dolor ofreció en la cruz su vida por ellos. Y así como, mirándoos a vos, mirasteis a los prójimos con ojos humanos, así mirando a Cristo los miraréis con ojos cristianos; quiero decir, con los ojos que Él os miró, etc. (cap. 95).

Después de esta consideración primera, que procede de mirar a Cristo, añade otra no menos admirable que la pasada, sacada también de mirar al mismo Cristo, en la cual dice así:

Aunque sea verdad que de los bienes que nuestro Señor hace a un hombre, no busca ni quiere retorno, pues Él de nada tiene necesidad y por pura bondad hace todo lo que hace; mas el retorno que quiere es para los prójimos, que tienen necesidad de ser estimados, amados y socorridos.

Esta consideración prosigue, aún más altamente, a mi juicio, que la pasada, en el capítulo 96 del dicho libro, adonde remito al cristiano lector; el cual va impreso en este tratado [ed. 1588], por haber parecido que da testimonio de nuestro predicador, como obra tan admirable suya.

7. De la virtud de la penitencia y dolor de los pecados

Después de la caridad se sigue que tratemos del dolor de los pecados, que son muerte de esa misma caridad; porque, como la sombra sigue al cuerpo, así el dolor de la ofensa viene del amor del ofendido, y crece y descrece con él; porque mientras uno más ama, más le pesa por haber ofendido al que ama.

Pues, como haya muchas cosas que nos muevan al dolor y aborrecimiento de los pecados, una de las más principales es considerar que ellos pusieron al Hijo de Dios en la cruz; porque si no hubiera pecados, no padeciera Él lo que padeció. Mas para la inteligencia de esto se debe presuponer que el padre eterno, por las entrañas de su infinita bondad y misericordia, pudiendo remediar al mundo por otros muchos medios, si quisiera, escogió el mejor de todos, que fue determinar que su unigénito Hijo fuese nuestro Redentor y suficientísimo reparador y remediador de todos nuestros males, el mayor de los cuales era estar enemistado con Él.

Pues la primera y principal obra de este reparador era reconciliarnos con su padre, y esta reconciliación había de ser satisfaciéndole en rigor de justicia con el sacrificio de su Pasión por todas las deudas, y porque demás de ser gravísimas, por ser contra Majestad infinita, eran también ellas, cuanto es de parte de la especie humana, por tantos beneficios obligada, gravísimas, quiso Él padecer gravísimos dolores e injurias para que fuese más copiosa esta satisfacción. Supuesto este fundamento, procede la fuerza de esta consideración como este padre la escribió a un señor, exhortándole al dolor y arrepentimiento de los pecados, por estas palabras:

Y si V. S. pregunta: ¿qué pensaré para que me de gana de llorar mis pecados?; dígole yo que lo principal sea, que, por lo que él hizo, mataron a su padre, que es Cristo. No sé yo qué hijo habría que, por una cosa que hubiese hecho, viniese tanto mal a su padre, que le quitasen la hacienda y la casa y la ropa, dejándole desnudo en camisa, y después le deshonrasen y disfamasen con extremo abatimiento, y no parase en esto el negocio, mas le azotasen y atormentasen y después matasen; y todo esto por lo que el hijo hizo. No sería el hijo tan malo, por malo que fuese, que no le apenase en el corazón lo que había hecho, pues pudiera ligeramente excusar donde tanto mal le vino a su padre.

Dígame, señor: ¿quién empobreció a Cristo? ¿Quién lo deshonró? ¿Quién lo azotó? ¿Quién lo coronó y crucificó? ¿Por ventura hízolo otro que nuestro pecado? Yo le afligí y entristecí con mis malos placeres; yo le deshonré por ensalzarme malamente; los deleites que yo en mi cuerpo tomé, pararon tal a Él su cuerpo atado a una columna; y porque yo quise vivir vida mala, perdió Él su vida buena. Pues, ¿cómo tenemos alegría, habiéndose hecho tan mala obra a quien tantas buenas nos hizo? ¿Por qué toda criatura no había de vengar los males que contra el Criador hicimos?

No se puede echar, señor, más carga ni mayor sobre nuestros hombros para hacernos llorar y aborrecer los pecados, que decirnos que padeció Cristo por ellos lo que padeció. No hay cosa que así nos humille y nos haga estimar en poco, como saber que fuimos causa de la muerte de nuestro Señor. ¡Oh, quién lo supiera antes que hubiera pecado, para morir antes que pecar!

Pensábase el hijuelo que no hacía nada en lo que hacía. Después vino a pesar tanto, que el mismo Dios se puso en la cruz por el contrapeso que el pecado hacía. ¿Cómo podemos mirar al padre que nosotros pusimos por nuestras locuras en tan grandes trabajos? ¿Y cómo este padre nos quiere mirar y no nos aborrece como a deshonradores de Él y verdaderos parricidas, y que merecen, no cualesquier tormentos, mas muy crueles? ¡Oh divinal Bondad, y hasta dónde llegas! Espantámonos que estando en la cruz rogaste por quien en ella te puso y deseaste el bien de quien tantos males te hacía. Yo digo que no solo con éstos te mostraste benigno, mas con todos los del mundo hiciste lo que con aquéllos. Porque, si por los que te crucificaron rogaste, todos te crucificamos; y aquellos pocos y todos te debemos aquella oración; y quizá algunos más que los ignorantes sayones que presentes allí estaban crucificándote. Todos, Señor, conspiramos en tu muerte, y a todos conviene lo que dices, que no saben lo que hacen. ¿Quién, Señor, tan mal te quisiera, que si supiera que el fruto de sus malos placeres tan caro habían que costar a tu Real Majestad, no reventara antes de ponerte en aprieto tan grande? Perdona, Señor, perdona, que no supimos lo que hicimos. ¡Y agora que nos lo has declarado, enseñándonos en tu santa Iglesia que por los pecados moriste, y que lo que burlando yo hice, Tú lo pagas tan de veras, con todo eso, a sabiendas, reiteramos la causa de tu muerte penosa!

No es razón, Señor, que queramos bien a quien a nuestro padre mató; y pues los pecados le mataron, aborrecellos tenemos si amamos a Ti. David dice: Los que amáis al Señor, aborreced la maldad. Y tiene razón; porque pecado y Dios, bandos son contrarios, y es imposible contentar a entrambos. Escoja el hombre de cuál quiere ser, que es imposible ser de entrambos; porque cualquiera de ellos quiere servidores leales y que por ellos mueran. ¿Qué escogeremos, señor? ¿El cieno de los aljibes rotos, o la vena de las aguas vivas? Señor, ¿qué escogeremos, ser malos con el mundo, o buenos con Dios? ¿Qué escogeremos, buscar privanzas de criaturas, o del Criador? ¿Arder con los demonios en el infierno, o reinar con Dios en el cielo? ¡Oh hijos de Adán! ¿Hasta cuándo seréis de corazón pesado? Y convidándoos Dios con la verdad, que para siempre ha de durar, y hace durar a los de su bando, ¿queréis seguir la vanidad que hace parar en nada a los de su bando? ¿Hasta cuándo cosquearéis a una parte y a otra, ya siendo de un bando, ya de otro? Seguid el uno, y sea el de Dios; porque Él solo basta a hacer dichosos a los que le sirven. Ya Cristo ha muerto al pecado, ¿por qué seguís bando de muerto, y queréis dar vida a vuestro capital enemigo? No améis al pecado y no vivirá; mas trabajad de lo deshacer con dolor y penitencia, para que se deshaga el mal que hicisteis amándolo.

Hasta aquí son palabras de la carta, en las cuales hallará el verdadero penitente un poderoso motivo para aborrecer el pecado y tener entrañable dolor de él.

Otro motivo no menos eficaz escribe él a un sacerdote, diciéndole que suplique a nuestro Señor le haga merced de descubrirle los deméritos de su proceso, y le haga entender quién ha sido él en la vida pasada para con Dios, y quién Dios para con él; esto es, qué bienes ha recibido de Dios, comenzando desde que nació, y cuán mal ha respondido a ellos. El cual pensamiento, cuando viene del espíritu humano, solamente hace entristecer el hombre un poco; mas, cuando viene del Espíritu de Dios, es tan lúcido y hace ver al hombre en sí tal indignidad, que le parece milagro sufrirlo la tierra, y cáusale grande admiración, creyendo lo que la fe enseña; y tiene tan grande enojo contra sí mismo por haber así vivido, que si no fuese por ofender al Señor, pondría las manos en sí mismo; y desea que todas las criaturas venguen la injuria hecha al Criador. Lo que aquí se siente cuando Dios descubre al hombre en qué quilates debe estimar lo que ha hecho, no se puede decir, porque es por espíritu sobrehumano.

Hasta aquí son palabras de la carta; en las cuales se debe notar que este sentimiento y dolor de los pecados unas veces viene del espíritu humano y otras del Espíritu divino. Porque es muy familiar doctrina de este padre, en muchos lugares explicada, que los sentimientos y afectos devotos que tenemos, unas veces proceden de nuestro buen espíritu, cuando hacemos lo que es de nuestra parte, mas otras veces proceden de un especialísimo auxilio y tocamiento del Espíritu Santo, el cual es de tan gran virtud y eficacia que sobrepuja tanto todos los otros sentimientos que por otra parte vienen, que no podrá entender sino quien lo ha experimentado.

8. De la verdadera humildad y conocimiento de sí mismo

Son muy hermanas entre sí la humildad y la penitencia, y así lo son los humildes y los penitentes; porque los humildes reconocen sus pecados, mas los penitentes los lloran; aquéllos se humillan ante Dios por ellos, mas éstos piden humildemente el perdón de ellos. Y por esta causa, aunque no estoy en esta escritura obligado a guardar orden en las materias que se tratan, sino declarar lo que este siervo de Dios siente en ellas, después de haber declarado lo que él siente de la virtud de la penitencia y dolor de los pecados, apuntaré en breve lo que siente de la virtud de la humildad, según lo que pude colegir de sus escrituras. Y tiene él esta virtud por tan esencial y tan necesaria para nuestra vida, que viene a determinar que casi todas las tentaciones y ceguedades espirituales, y ausencias y desamparos de Nuestro Señor, y aun algunas caídas, son por Él permitidas o enderezadas a fin de hacernos verdaderos humildes, no teniendo por cosa indigna comprar esta joya por tan caro precio.

Y es tan propia esta virtud de la religión cristiana, y estuvo tan lejos de ser conocida de los filósofos, que ni el nombre de ella se halla en sus escrituras. Mas este siervo de Dios, que tenía otra lumbre más alta, ninguna otra virtud más veces, como dije, encomienda en sus escrituras. Donde veremos la contradicción que hay entre la doctrina de los filósofos, y la de este padre. Porque los filósofos, y los herejes pelagianos, discípulos de ellos, ensalzan cuanto pueden las fuerzas y virtud de la naturaleza humana; mas, por el contrario, todo el estudio de este padre es abatirlas, declarando la flaqueza y malicia del corazón humano, llamándolo un abismo profundísimo que solo lo conoce aquel soberano Señor, de quien se escribe que estando sobre los querubines, desde este lugar tan alto alcanza a ver lo más profundo de todas las cosas criadas, y señaladamente la malicia de nuestros corazones, como Él lo declaró por Jeremías diciendo: Malvado es el corazón del hombre; y ¿quién lo conocerá? Yo, que soy Dios y escudriño lo íntimo y más secreto de ellos. Lo mismo nos declara el Eclesiástico, el cual, tratando de la profundidad de la sabiduría de Dios, entre otras alabanzas suyas, dice que penetró y entendió lo que había en el abismo y en el corazón del hombre. En la cual combinación del abismo y corazón humano comprendió en estas dos palabras la profundidad y la flaqueza y malicia de nuestro corazón, comparándolo con el abismo. Y en otro lugar, declarando más la grandeza de esta malicia, dice: ¿Qué cosa más mala que lo que piensa la carne y sangre? Esto es: ¿qué cosa peor que los pensamientos y deseos del corazón humano, desamparado de la divina gracia, que es donde no hay más que carne y sangre? Y en consecuencia de esto, dice en otro lugar: ¿Qué cosa hay entre todo lo criado más mala que el ojo del hombre? Esto dice porque éste es el portero de nuestro corazón, y el que le da materia para todas las codicias y maldades que en él se forjan.

Pues, volviendo a nuestro propósito, en el conocimiento de esta flaqueza y miseria de nuestro corazón se funda en parte la virtud de la humildad, la cual, como san Bernardo dice, «es desprecio de sí mismo, el cual procede del verdadero conocimiento de sí mismo». Esta virtud faltó a aquel ángel que fue criado tan hermoso. Por lo cual dice de él Nuestro Salvador que no estuvo en la verdad, que es: en la verdadera estima y conocimiento de sí mismo; y por eso dio tan gran caída que del mayor de los ángeles, según la opinión de san Gregorio, fue hecho el mayor de los demonios, y escarmentando en la cabeza de éste, nos aconseja este padre que estemos en espíritu de verdad; y cuál sea este espíritu, declara él en una carta suya por estas palabras:

¿Cuál es el espíritu de verdad, sino el que hace que el hombre se descontente y se parezca mal, y de entrañas y de corazón se parezca feo y abominable, y se espante cómo Dios lo sufre sobre la tierra? Y ésta es la verdad en que habemos de vivir, y sin esto en mentira vivimos. Y algunas veces, cuanto más bien parece que tenernos, estamos peores, faltándonos esto. Porque, confiando en esto y en otras cosas, parécenos que somos algo, y no es así delante de los ojos de Aquel que mira los corazones y dice: Nombre tienes de vivo y estás muerto. Nombre tiene de vivo quien no cae en los Pecados que el mundo condena por malos; mas, si cae en los que el juicio de Dios condena,¿qué aprovecha que el mundo absuelva al que el juicio de Dios condena? No sabe el mundo tener por malo, ni castiga a uno que se parece bien a sí mismo y se contenta de sí con soberbia; mas en el juicio Dios es tenido por soberbio y ciego el que no se hiede a sí a mismo como si tratase un perro muerto a sus narices, y tiene entrañable vergüenza delante los ojos de su Criador, como quien estuviese delante un juez de acá, habiendo hecho un feo delito.

Hasta aquí son palabras de esta carta, en la cual no trata de propósito, sino como de paso, de la virtud de la humildad. Mas en estas pocas, junto con las que antes de éstas precedieron, de la virtud de la penitencia y dolor de los pecados, verá el cristiano lector cuán altamente sentía este varón de Dios lo que pertenece a la fineza de esta virtud.

Mas es aquí de saber que, aunque lo propio de la humildad sea despreciarse el hombre y tenerse en nada, pues cuanto es de su parte nada es; mas este desprecio de sí mismo que está en la voluntad, procede del conocimiento de su bajeza y vileza, que está en el entendimiento. Y porque de esta raíz nace la flor hermosísima de esta virtud, síguese que veamos cuán perfectamente siente este padre de esta bajeza y miseria del hombre; porque cuanto mayor fuere este conocimiento, tanto será más profunda la raíz y fundamento de la humildad.

Pues en una carta suya, por un singular modo, declara primeramente la necesidad que tenemos de este propio conocimiento:

Lo uno, para la reverencia que a Dios debemos al cual habemos de mirar con vergüenza, teniéndonos por indignos de ello; lo otro, porque cuando un hombre se olvida de sí, luego se engríe, y como no ve sus faltas, pierde el peso del temor santo y hácese liviano, como nao sin lastre, que pierde las áncoras en tiempo de tempestad, cuyo fin es ser llevada acá y acullá hasta ser perdida. Nunca vi seguridad de ánima, sino en el conocimiento de sí misma. No hay edificio seguro si no es hecho sobre hondo cimiento. Y es tiempo muy bien empleado al que se gaste en reprenderse a sí mismo; cosa muy provechosa para nuestra enmienda, examinar nuestros yerros.

¿Qué cosa es el hombre que no se conoce y examina, sino casa sin luz, hijo de viuda mal criado, que, por no ser castigado, se hace malo; medida sin medida y sin regla, y por eso es falsa, y, finalmente, hombre sin hombre? Pues quien no se conoce, ni se puede regir como hombre, ni se sabe ni se posee a sí mismo; y como sepa dar cuenta de otras casas, de sí mismo no sabe parte ni arte. Estos son los que, olvidados de sí, tienen mucho cuidado de mirar vidas ajenas, olvidando las suyas; porque, como las ajenas sean de ellos más de continuo y más de cerca miradas, parecen mayores que las suyas, que las miran de lejos, y así, aunque grandes, parécenles pequeñas; de lo cual vienen a ser rigurosos y mal sufridos; porque, como no miran su propia flaqueza, no han compasión de la ajena. Nunca vi persona que se mirase, que no le fuese ligero sufrir cualquier falta ajena. Si quien maltrata al que cae, testimonio da que no mira sus propias caídas. De manera que, si queremos huir de esta ceguedad tan dañosa, conviénenos mirar y remirar lo que somos, para que, viéndonos tan miserables, caminemos por el remedio al misericordioso Jesús; porque Él se dice Jesús, que es Salvador no de otros, por cierto, sino de los que conocen sus propias miserias, y las gimen y reciben, o no pudiendo, desean recibir los santos sacramentos; y así son curados y salvos.

Y aunque para conocer a nosotros mismos, hayan hablado muchas y muchas cosas Dios y los santos; mas quien quisiere mirar lo que en sí mismo pasa, hallará tantas para desestimarse, que, de espanto de su abismo, diga: «No tienen cabo mis males». ¿Quién hay que no haya errado en lo que más quisiera acertar? ¿Quién no ha pedido cosas, y aun buscádolas, pensando de serle provechosas, que después no haya visto que le han traído daño? ¿Quién podrá presumir de saber, pues innumerables veces ha sido engañado? ¿Qué cosa más ciega que quien aún no sabe lo que ha de pedir a Dios? Como dice san Pablo, que, pidiendo a Dios le quitase un trabajo, pensando que pedía bien, le fue dado a entender que no sabía lo que pedía ni lo que le cumplía? ¿Quién se fiará de su deseo y parecer, pues aquel en quien moraba el Espíritu Santo pide lo que no le cumple alcanzar? Grande, por cierto, es nuestra ignorancia, pues innumerables veces erramos en lo que nos conviene acertar.

Y ya que una vez Dios nos enseñe lo bueno, ¿quién no verá cuán flaca es nuestra flaqueza, y cómo damos de rostro en lo que vemos que era razón que no cayéramos? ¿A quién no ha acaecido proponer muchas veces el bien y no haberse caído y vencido en lo que pensó más verse en pie? Hoy lloramos nuestros pecados con intención de los evitar; y si estando las lágrimas en las mejillas, se nos ofrece alguna ocasión, llorando porque caímos, hacemos de nuevo por qué llorar;

recibiendo el cuerpo de nuestro Señor Jesucristo con mucha vergüenza de los desacatos que le hemos hecho, aun habiendo poco que lo tuvimos en nuestro pecho, nos acaece algunas veces por algún pecado echar su gracia de nos.

¡Qué caña tan vana, que a tantos vientos se muda! Ya alegre, ya triste; ya devoto, ya tibio; ya tiene deseo del cielo, ya del mundo; ya aborrece y luego ama lo aborrecido; vomita lo que comió, porque le hacia mal estómago, y luego torna a comer, como si nunca lo hubiera vomitado. ¿Qué cosa puede haber de más variedad de colores que un hombre de esta manera? ¿Qué imagen pueden pintar con tantas haces, con tantas lenguas, como este hombre? ¡Cuán de verdad dijo Job que nunca el hombre estaba en un estado! Y la causa es porque al hombre le llaman ceniza, y a su vida, viento. Muy necio sería el que buscase reposo entre viento y ceniza. No pienso que habrá cosa más espantable de mirar, si mirarlo pudiésemos, que ver cuántas formas toma un hombre en lo de dentro de sí en un solo día. Toda su vida es mudanza y flaqueza y conviénele bien lo que la Escritura dice: El necio es mudable como la Luna. ¿Qué remedio tenemos? Por cierto, conocernos por lunáticos; y como en tiempos pasados llevaron un lunático a nuestro Señor Jesucristo para que lo curase, ir nosotros al mismo Jesús para que nos cure como a aquél curé. Aquél dice la Escritura que lo atormentaba el espíritu malo, que ya lo echaba en el fuego, ya en el agua de carnalidad, de tibieza y de malicia.

Y si mirarnos cuántas deudas debemos a Dios de la vida pasada, cuán poca enmienda hay en la presente, diremos, y con verdad: Rodeádome han dolores de muerte; peligros del infierno me han cercado. ¡Oh peligro de infierno tan para temer! ¿Quién es aquel que no mira con cien mil ojos no resbale en aquel hondo lago, donde para siempre llore lo que temporalmente rió? ¿Quién no endereza su camino, porque no le tomen por desencaminado de todo el bien? ¿Dónde están los ojos de quien esto no ve, las orejas de quien esto no oye, el paladar de quien esto no gusta? Verdaderamente señales de muerto no tener obras de vida. Nuestros pecados son muchos, nuestra flaqueza grande, nuestros enemigos fuertes, astutos y muchos, y que mal nos quieren. Lo que en ello nos va es perder o ganar a Dios para siempre. ¿Por qué entre tantos peligros estamos seguros, y entre tantas llagas sin dolor de ellas? ¿Por qué no buscamos remedio antes que anochezca y se cierren las puertas de nuestro remedio, cuando las doncellas locas den voces y les sea dicho: No os conozco? Conozcámonos, pues, y seremos conocidos de Dios. Juzguémonos y condenémonos, y seremos absueltos por Dios. Pongamos los ojos sobre nuestras faltas, y, luego todo nos sobrará. Consideremos nuestras miserias, y aprenderemos a ser piadosos en las ajenas. Porque, según la Escritura dice: De lo que hay en ti aprenderás lo que hay en tu prójimo.

Hasta aquí son las palabras de las cartas; en las cuales verá el hombre, como en un claro espejo, sus faltas y miserias, para que así se conozca, y conocido se humille, y después de humillado pida socorro al ayudador de los humildes, que es Cristo Jesús.

9. De la virtud de la confianza y de la grandeza del beneficio de nuestra Redención, en que ella se funda

Después de estas virtudes, diremos también de la esperanza y confianza en Dios, que es una de las tres virtudes teologales. Digo, pues, que aunque sea grande la estima que este varón de Dios tiene de todas las virtudes y la facultad y gracia para exhortarnos a ella, pero mucha más en estas cartas se señala en alabar la virtud de la confianza en Dios y exhortarnos a tenerla. Esto se verá en sus cartas; las cuales, como por la mayor parte son consolatorias, necesariamente había de aprovecharse de esta virtud para esforzar a los flacos y desmayados con la carga de sus pasiones y pecados, con las sequedades espirituales y ausencias de Nuestro Señor, con las cuales quiere probar la firmeza de su fe y constancia.

Y aunque para animar a esta virtud haya muchos motivos en las Santas Escrituras, pues, como el Apóstol dice, todas ellas sirven para fundar esta esperanza; pero el principal motivo que para esto hay es el beneficio de la Pasión de Nuestro Redentor, pues nos consta que todo cuanto Él padeció y mereció fue para nosotros, pues Él de nada tenía necesidad. Solos los trabajos y dolores fueron suyos; mas el fruto de ellos todo es nuestro; y con tales prendas seguramente podemos esperar el remedio de nuestros males. Pues de este tan grande motivo se aprovecha este padre en todas las cartas consolatorias que escribe con tanta fuerza y eficacia de razones para esforzar corazones flacos, que puede él en su manera decir aquellas palabras del Profeta: El Señor me ha dado una lengua sabia y discreta para que sepa yo consolar con mis palabras y los que están caídos y desmayados.

Lo cual señaladamente hace él en una carta, que aquí me pareció ingerir, porque es tanta la fuerza de verdadera elocuencia que en ella muestra, y es tan copiosa y tan rica la vena de los misterios que aquí descubre para animarnos a confiar, que ningún hombre habrá tan desmayado, aunque sea como una piedra, que no se esfuerce y cobre espíritu con esta carta. En la cual también verá el cristiano lector la especial lumbre que este padre había recibido de Nuestro Señor para entender la grandeza del beneficio y misterio de nuestra Redención, de que luego trataremos.

Y esta carta tan notable y tan consolatoria no fue escrita para consolar a algún gran señor, para que sospechemos que había él adelgazado más la pluma que para las otras personas; porque no se escribió sino a una persona de mediano estado. Y para la consolación de ésta le dio Nuestro Señor todas estas perlas preciosas; corriendo la pluma por el papel con tanta presteza y facilidad, como si fuera otro el que dictara y él el que escribiera. Y aquí también se verá claramente cumplida aquella notable sentencia de Salomón, que dice: Los pensamientos del varón robusto y esforzado serán siempre en abundancia; mas todos los flojos y perezosos viven en pobreza. En la cual sentencia nos da a entender que los que se esfuerzan a andar con fervor y diligencia por el camino de la perfección cuanto más aprovecharen en este propósito, tanta mayor luz y mayor conocimiento se les da; como lo podremos notar en esta carta, la cual contiene grande copia de sentencias y piadosas consideraciones para nuestro esfuerzo y edificación. Comienza, pues, la carta así:

No tengáis por ira lo que es verdadero amor; que así como la malquerencia suele halagar, así también el amor reñir y castigar; y mejores son, dice la Escritura, las heridas dadas por quien ama, que los falsos besos de quien aborrece. Y grande agravio hacemos a quien con amorosas entrañas nos reprende, en pensar que por queremos mal nos persigue.

No olvidéis que entre el padre eterno y nosotros es medianero nuestro Señor Jesucristo, por el cual somos amados y atados con tan fuerte lazo de amor, que ninguna cosa lo puede soltar, si el mismo hombre no lo corta por culpa de pecado mortal. ¿Tan presto habéis olvidado que la sangre de Jesucristo da voces pidiendo para nosotros misericordia, y que su clamor es tan alto, que hace que el clamor de nuestros pecados quede muy bajo y no sea oído? ¿No sabéis que, si nuestros pecados quedasen vivos muriendo Jesucristo por deshacerlos, su muerte sería de poco valor, pues no los podía matar? Nadie, pues aprecie en poco lo que Dios apreció tanto, que lo tiene por suficiente y sobrada paga, cuanto es de su parte, de todos los pecados del mundo y de mil mundos que hubiera. No por falta de paga se pierden los que se pierden, sino por no querer aprovecharse de la paga por medio de la fe y penitencia y sacramentos de la santa Iglesia.

Asentad una vez con firmeza en vuestro corazón que el negocio de nuestro remedio Cristo lo tomó a su cargo como si fuera suyo, y a nuestros pecados llamó suyos por boca de David, diciendo: longe a salute mea; y pidió perdón de ellos sin los haber cometido; y con entrañable amor pidió que los que a Él se quisiesen llegar fuesen amados como si para Él lo pidiera. Y como lo pidió lo alcanzó; porque, según ordenanza de Dios, somos tan uno Él y nosotros, que o hemos de ser Él y nosotros amados o Él y nosotros aborrecidos; y pues Él no puede ser aborrecido, tampoco nosotros, si estamos incorporados en Él con fe y amor; antes por ser Él amado lo somos nosotros; y con justa causa, pues que más pesa Él para que nosotros seamos amados, que nosotros pesamos para que Él sea aborrecido; y más ama el padre a su hijo que aborrece a los pecadores que se convierten a Él. Y como el muy Amado dijo a su padre: Quiero, padre, que donde yo estuviere, estén los míos; porque yo me ofrezco por el perdón de sus pecados, y porque sean incorporados a mí. Venció el mayor amor al menor aborrecimiento, y somos amados, perdonados y justificados, y tenemos grande esperanza que no habrá desamparo donde hay nudo tan fuerte de amor.

Y si la flaqueza nuestra estuviere con demasiados temores congojada, pensando que Dios la ha olvidado, como la vuestra lo está, provee el Señor de consuelo, diciendo en el profeta Isaías de esta manera: ¿Por ventura puédese olvidar la madre de tener misericordia del niño que parió de su vientre? Pues si aquélla se olvidare, yo no me olvidaré de ti, porque en mis manos te tengo escrito. ¡Oh escritura tan firme, cuya pluma son duros clavos, cuya tinta es la misma sangre del que escribe, y el papel su propia carne! Y la sentencia de la letra dice: Con amor perpetuo te amé, y por eso con misericordia te atraje a mí. Tal, pues, escritura como ésta no debe ser tenia en poco; especialmente sintiendo en sí ser el ánima atraída con dulcedumbre de propósitos buenos, que son señales del perpetuo amor con que el Señor la ha escogido y amado. Por tanto, no os escandalicéis ni turbéis por cosa de estas que os vienen, pues que todo viene dispensado por las manos que por vos, y en testimonio de amaros, se clavaron en cruz.

Y un poco más abajo dice así:

Y pues nos está mandado de parte de Dios que en ninguna cosa desmayemos, vamos a Él fiados de su palabra, y pidámosle favor, que verdaderamente nos lo dará. ¡Oh hermana, si viésemos cuán caros y preciosos somos delante los ojos de Dios! ¡Oh si viésemos cuán metidos nos tiene en su corazón! Y cuando nosotros nos parece que estamos alanzados, ¡cuán cercanos estarnos a Él! Sea para siempre Jesucristo bendito, que éste es a boca llena nuestra esperanza; que ninguna cosa tanto me puede atemorizar, cuanto Él asegurar. Múdeme yo de devoto en tibio, de andar por el cielo a oscuridad y abismo de infierno; cérquenme pecados pasados, temores de lo por venir, demonios que acusen y me pongan lazos, hombres que espanten y persigan, amenácenme con infierno y pongan diez mil peligros delante: que con gemir mis pecados, y alzar mis ojos pidiendo remedio a Jesucristo, el manso, el benigno, el lleno de misericordia, el firmísimo Amador mío hasta la muerte, no puedo desconfiar, viéndome tan apreciado, que fue Dios dado por mí.

¡Oh Cristo, puerto de seguridad para los que, acosados de las ondas tempestuosas de su corazón, huyen a Ti! ¡Oh fuente de vivas aguas para los ciervos heridos y acosados de los perros espirituales, que son demonios y pecados! Tú eres descanso entrañable, fiucia que a ninguno de su parte faltó, amparo de huérfanos y defensa de las viudas, firme casa de piedra para los erizos llenos de espinas de pecados, que con gemidos y deseos de perdón huyen a Ti. Tú defiendes de la ira de Dios a quien a Ti se sujeta; Tú, aunque mandas algunas veces a tus discípulos que entren en la mar sin Ti, y que desteten de tu dulce conversación, y estando Tú ausente se levanten en la mar tempestades que ponen en aprieto de perder el ánima, mas Tú no los olvidas. Dícesles que se aparten de Ti, y vas Tú a orar al monte por ellos, piensan que los tienes olvidados y que duermes, y estás, las rodillas hincadas, rogando por ellos. Y cuando son ya pasadas las cuatro partes de la noche, cuando a tu infinito saber parece que basta ya la penosa ausencia tuya para los tuyos que andan en la tempestad, desciendes del monte, y como señor de las ondas mudables, andas sobre ellas —que para Ti todo es firme— y acércaste a los tuyos, cuando ellos piensan que están más lejos de Ti, y dícesles estas palabras de confianza: Yo soy; no queráis temer.

¡Oh Cristo, diligente y cuidadoso Pastor, cuán engañado está quien en Ti y de Ti no se fía de lo más entrañable de su corazón, si quiere enmendarse y servirte! ¡Oh si dijeses Tú a los hombres cuánta razón tienen de no desmayar con tal Capitán los que quieren entrar a servirte, y cómo no hay nueva que tanto pueda entristecer ni atemorizar al tuyo, cuanto la nueva de quien Tú eres basta para lo consolar! Si bien y perfectamente conocido fueses, Señor, no habría quien no te amase y confiase, si muy malo no fuese. Y por esto dice: Yo soy; no queráis temer. Yo soy aquel que mato y doy vida; meto en los infiernos y saco de ellos; quiere decir: que atribulo al hombre, hasta que le parece que muere, y después le alivio y recreo y doy vida; meto en desconsolaciones que parecen infierno, y después de metidos no los olvido, mas sácolos. Y por eso los mortifico, para vivificarlos: para eso los meto, para que no se queden allá, mas para que la entrada en aquella sombra de infierno sea medio para que después de muertos no vayan allá, mas al cielo.

Yo soy el que de cualquier trabajo os puedo librar, porque soy omnipotente; y os querré librar, porque todo soy bueno, y os sabré librar, porque todo lo sé. Yo soy vuestro abogado, que tomé vuestra causa por mía; yo vuestro fiador, que salí a pagar vuestras deudas; yo Señor vuestro, que con mi sangre os compré; no para olvidaros, mas engrandeceros, si a Mi quisiésedes servir; porque fuisteis con grande precio comprados. Yo Aquel que tanto os amé, que vuestro amor me hizo transformarme en vosotros, haciéndome mortal y pasible, el que de todo esto era muy ajeno. Yo me entregué por vosotros a innumerables tormentos de cuerpo, y mayores de ánima, para que vosotros os esforcéis a pasar algunos por Mí, y tengáis esperanza de ser librados, pues tenéis en Mi tal librador.

Yo vuestro padre por ser Dios; y vuestro primogénito Hermano por ser Hombre. Yo vuestra paga y rescate; ¿qué teméis deudas, si vosotros con la penitencia y confesión pedís suelta de ellas? Yo vuestra reconciliación: ¿qué teméis ira? Yo el lazo de vuestra amistad: ¿qué teméis enojo de Dios? Yo vuestro defensor: ¿qué teméis contrarios? Yo vuestro amigo: ¿qué teméis que os falte cuanto yo tengo, si vosotros no os apartáis de Mí? Vuestro es mi cuerpo y mi sangre. ¿qué teméis hambre? Vuestro mi Corazón: ¿qué teméis olvido? Vuestra mí divinidad: ¿qué teméis miseria? Y, por accesorios, son vuestros mis ángeles para defenderos; vuestros mis santos, para rogar por vosotros; vuestra mi Madre Bendita, para seros Madre cuidadosa y piadosa; vuestra la tierra, para que en ella me sirváis; vuestro el cielo, para donde vendréis; vuestros los demonios e infiernos, porque los holléis como a esclavos y cárcel; vuestra la vida, porque con ella ganáis la que nunca se acaba; vuestros los buenos placeres, porque a

Mi los referís; vuestras las penas, porque por mi amor sufrís; vuestras las tentaciones, porque son mérito y causa de vuestra corona; vuestra es la muerte, porque os será cercano paso para la vida.

Y todo esto tenéis en Mí y por Mí; porque ni lo gané para Mí solo, pues que, cuando tomé compañía en la carne con vosotros, la tomé en haceros participantes en lo que yo trabajase, ayunase, sudase y llorase, y en mis dolores y muerte, si por vosotros no queda. No sois pobres los que tantas riquezas tenéis, si vosotros con vuestra mala vida no las queréis perder a sabiendas.

No desmayéis, que no os desampararé, aunque os pruebe. Vidrio sois delicado, mas mi mano os tendrá. Vuestra flaqueza hace parecer más fuerte mi fortaleza; de vuestros pecados y miserias saco yo manifestación de mi bondad y de mi misericordia. No hay cosa que os pueda dañar si me amáis y de Mi os fiáis. No sintáis de Mí humanamente, según vuestro parecer, mas en viva fe con amor; no por las señales de fuera, mas por el Corazón, el cual se abrió en la Cruz por vosotros, para que no pongáis duda en ser amados, en cuanto es de mi parte, pues veis tales obras de amor de fuera, y Corazón tan herido de vuestro amor de dentro.

¿Cómo negaré a los que me buscáis para honrarme, pues salí al camino a los que me buscaban para maltratarme? Ofrecíme a sogas y cadenas que me lastimaban, ¿y negarme he a los brazos y corazón de cristianos donde descanso? Dime a azotes y columna dura, ¿y negarme he al ánima que me está sujeta? No volví la faz a quien me la hería, ¿y volverme he a quien se tienen por bienaventurado en la mirar para adorarla?

¿Qué poca confianza es ésta, que viéndome de mi voluntad despedazado en manos de perros por amor de los hijos, estar los hijos dudosos de Mí si los amo, amándome ellos? Mirad, hijos de los hombres, y decid: ¿A quién desprecié que me quisiese? ¿A quién desamparé que me llamase? ¿De quién huí que me buscase? Comí con pecadores; llamé y justifiqué a los apartados y sucios; importuno yo a los que no me quieren; ruego yo a todos conmigo; ¿qué causa hay para sospechar olvido para con los míos, donde tanta diligencia hay en amar y enseñar el amor?

Y si alguna vez lo disimulo, no lo pierdo, mas encúbrelo por amor de mi criatura, a la cual ninguna cosa le está tan bien como no saber ella de sí, sino remitirse a Mi. En aquella ignorancia, está su saber, en aquel estar colgada, su firmeza; en aquella sujeción, su reinar. Y bastarle debe que no está en otras manos sino en las mías, que son también suyas, pues por ellas las di a clavos y cruz: y más son que suyas, pues hicieron por el provecho de ella más que las propias suyas. Y por sacarla de su parecer y que siga el mío, le hago que esté como en tinieblas y que no sepa de sí. Mas si se fía y no se aparta de mi servicio, librarla he y glorificarla he, y cumpliré lo que dije: Sey fiel hasta la muerte, y darte he la corona de vida.

Hasta aquí son las palabras de la carta, las cuales declaran muy bien lo que arriba de ella dijimos.

10. Del singular conocimiento que el padre tenía del misterio de Cristo

En todo lo que hasta aquí se ha dicho vemos los conceptos que este siervo de Dios tenía, así de la confianza que debemos tener en Nuestro Señor, como de la grandeza del beneficio de nuestra Redención en que aquélla principalmente se funda, como en esta carta se ha visto. Y como en otras muchas cosas procuraba este varón de Dios imitar en su manera al Apóstol san Pablo, que él había tomado por ejemplo y maestro, así también procuraba imitarle en este conocimiento del misterio de Cristo. Del cual conocimiento se preciaba tanto el Apóstol, que llegó a decir que ninguna otra cosa sabía sino Cristo, y ése crucificado. Y con haber él sabido las maravillas y secretos del tercero cielo, y haber allí oído palabras que no era lícito hablar a hombre mortal, con todo eso, dice que no sabía más que a Cristo crucificado; no porque más no supiese, sino porque todo lo demás que sabía era poco en comparación de esta sabiduría; o por mejor decir, porque en este Misterio sabía todo cuanto para nuestra salvación se puede saber, que es todo lo que comprende y trata la Teología cristiana.

Porque esta ciencia tiene dos partes: una especulativa, que principalmente trata del conocimiento de Dios, y otra que llaman práctica, que trata de las virtudes y de los vicios sus contrarios. Y todo cuanto comprenden estas dos partes nos enseña más perfectamente el misterio de la cruz, que todos cuantos libros hoy están escritos. Porque, ¿qué cosas me pueden dar mayor conocimiento, así de la bondad de Dios como de las otras perfecciones suyas, que haber querido Él morir en cruz por la salud de los hombres? Y siendo verdad lo que el Apóstol dice, que Cristo se ofreció a la muerte por librarnos de toda maldad, y fundar un pueblo agradable a Dios, seguidor de buenas obras —que es ser enemigo de los pecados y amador de las virtudes—, ¿qué cosa se puede escribir más eficaz para aborrecer los pecados y amar las virtudes, que haber el mismo Dios bajado del cielo a la tierra y padecido en cruz por esta causa? Por lo cual, con mucha razón, dice el Apóstol que no sabía más que a Cristo crucificado, porque en esto sabía perfectamente todo cuanto para nuestra salvación y santificación era necesario.

Pues cuán grande haya sido la luz y conocimiento que este varón de Dios tuvo de este misterio, no sé con qué palabras lo pueda explicar. Mas quien notare con atención todo lo contenido en esta carta que acabamos agora de referir, no podrá dejar de entender algo de este misterio; esto es, de la bondad y caridad y misericordia de Nuestro Señor que en él resplandece, y la grandeza del remedio y consolación y salud que por Él nos vino, y los motivos grandes que en Él se nos dan para amar y servir y confiar en Él.

Pero otro indicio más notable hay que éste; e! cual es que en todas las cartas que hasta agora se han impreso, que pasan de ciento y cuarenta, no creo que se hallará alguna en la cual no sean las principales razones y consideraciones de ellas, fundadas en este misterio; y así podrá este padre en su manera decir con el Apóstol que no sabía otra cosa sino a Cristo crucificado. Y como sea verdad que lo que abunda en el corazón sale por la boca, argumento es que estaba en su pecho muy lleno de Cristo, pues así le salía por la boca.

Por donde algunas veces le oí decir que él estaba alquilado para dos cosas, conviene saber: para humillar al hombre y glorificar a Cristo. Porque realmente su principal intento y su espíritu y su filosofía era humillar al hombre hasta darle a conocer el abismo profundísimo de su vileza; y, por el contrario, engrandecer y levantar sobre los cielos la gracia y el remedio y los grandes bienes que nos vinieron por Cristo. Y así muchas veces, después de haber abatido y casi desmayado al hombre con el conocimiento de su miseria, revuelve luego y casi lo resucita de muerte a vida, esforzando su confianza con la declaración de este sumo beneficio, mostrándole que muchos mayores motivos tiene en los méritos de Cristo para alegrarse y confiar, que en todos los pecados del mundo para desmayar.

Mas cuándo Nuestro Señor le concedió la luz y conocimiento de este misterio, adelante lo apuntaremos en su lugar.

11. Del don que tenía de consejo y de descripción de espíritus

A la facultad y oficio del perfecto predicador que aquí describimos, conviene tener, demás de lo dicho, don de consejo y de descripción de espíritus, por las muchas cosas de esta calidad que ocurren a él. Y éstos también tuvo este nuestro predicador muy enteramente. Por lo cual de muchas partes acudían a él a pedirle consejo y determinación de las dudas de sus conciencias.

Y por no faltar a tantas cartas que sobre estas materias se le escribían, usaba de esta providencia; que tenía en su aposento un ovillo hincado con clavos a trechos, en la pared, con los títulos de las personas y ciudades de donde le escribían; y así trabajaba por satisfacer a todos. Otros también acudían a él por oír alguna palabra de edificación. Y por este concurso tan continuo de diversas personas, dijo una persona discreta que este padre entre los siervos de Dios era como señor de salva por la mucha gente que con él negociaba y pendía de su consejo; porque de más de cien leguas venían a él para determinarse en el estado y manera de vida que tomarían; y él a unos aconsejaba que fuesen religiosos de tal o tal Orden, a otros que se casasen, a otros que tomasen órdenes sacros; y así a otros de otras maneras, según la información que le daban. Y con todas estas importunidades no solo no se cansaba, mas antes, como solícito obrero, decía que ésta era la gloria del predicador, ofrecérsele materia en que pueda aprovechar. Y a veces, cuando acertaba a venir alguna persona aunque fuese de baja suerte, estando él comiendo, se levantaba de la mesa a oírla; y a los que de esto se maravillaban decía que él no era suyo, sino de aquellos que lo habían menester.

Mas aquí se ha de notar que ordinariamente en todas las preguntas de cosas graves siempre acudía a la oración, y la pedía también a la persona que pedía consejo; porque como prudente y visto en las Santas Escrituras, se acordaba que está escrito que los pensamientos de los mortales son temerosos y sus providencias inciertas y dudosas. Y acordábase también de lo que Salomón dice, que es grande la aflicción del hombre porque ignora las cosas pasadas, y por ningún mensajero puede tener noticia de las venideras. Pues, como el prudente varón entendía esto, y conocía que el suceso de los negocios que se esperan está por venir, y éste nadie sabe cuál será, sino solo Dios, por esto tenía por cosa peligrosa dar parecer en esto sin encomendarlo mucho a Nuestro Señor, así por su parte como del que este consejo pedía. Y para esto alegaba aquella muy celebrada sentencia del rey Josafat, el cual, viéndose en aprieto, hablando con Dios, decía: Como no sabemos, Señor, lo que nos conviene hacer, solo este remedio nos queda, que es levantar nuestros ojos a Vos. Acordábase también del yerro en que cayó Josué y los príncipes del pueblo cuando recibieron en su tierra los Sabaonitas; y la causa del yerro la señala la Escritura, diciendo que esta fue haberse guiado por su propio parecer, sin haber consultado a Nuestro Señor. Pues como entendía esto el siervo de Dios, siempre quería que en negocios graves precediese el socorro de la oración.

Acaeció pues, que un hombre le consultó sobre cierto negocio y no le agradó su respuesta. Mas el día siguiente, este hombre confesó y comulgó; y acabando de comulgar, estando recogido, sintió que interiormente le decían: «A Mí tu voluntad, y a mi siervo tu parecer; y esto no es engaño». Entendió el hombre esto, y otro día fue al padre a pedirle se determinase en lo que había de aconsejar, porque él venía determinado a cumplirlo; y no le dijo por entonces nada de aquel movimiento que había sentido su corazón, más después se lo vino a declarar.

Y como le había dado Nuestro Señor don de consejo, así le dio discreción de espíritus; de lo cual pudiera referir aquí algunos ejemplos, en los cuales declaró no ser cosas de Dios las que por tales eran tenidas; y así entendió que las cosas de Magdalena de la Cruz eran del demonio; y esto determinó en tiempo que volaba su fama por todo el mundo; y, estando en Córdoba, nunca se pudo acabar con él que la fuese a ver.

Acaeció también que una gran religiosa, por nombre Teresa de Jesús, muy conocida en esta nuestra edad por grande sierva de Dios, aunque al principio perseguida de muchos que no conocían su espíritu, viéndose tan acosada de algunos, acudió a uno de los señores inquisidores, dándole cuenta de sus cosas para que él las examinase. Más él respondió que al Santo Oficio principalmente pertenecía castigar las herejías que se les proponían; mas que la avisaba que en el Andalucía había un gran siervo de Dios, que era el padre Ávila, y de grande experiencia en las cosas espirituales; que le diese por escrito cuenta de toda su vida, y que se quietase con lo que él respondiese. Ella lo hizo así, y él, después de haber sido muy bien informado del caso, le respondió en una carta que se quietase y entendiese que no había en sus cosas engaño alguno, porque todas eran de Dios. Esta carta vi yo, y no se pone aquí por ser cosa muy larga y tratar de materias muy espirituales y delicadas, que no son para todos.

Segunda parte. De esta historia en la cual se trata de las virtudes personales y particulares de este padre

Hasta aquí habemos tratado, según nuestra rudeza, de las virtudes y facultades que dio Nuestro Señor a este siervo para el oficio de la predicación. Agora será razón tratar de las virtudes particulares de su persona. Y bien se me entiende que esta segunda parte había de ser la primera; pues la orden de las cosas pide que primero se trate de las virtudes de la persona, que de las que pertenecen a su oficio. Porque de esta manera procede la naturaleza en la procreación de las plantas, las cuales no dan fruto hasta estar crecidas y medradas en sí; ni los animales engendran luego en naciendo, sino después que han llegado a perfecta edad. Mas con todo esto no guardarnos aquí esta orden, por ver que estas virtudes personales de que aquí queremos tratar, penden mucho de las que pertenecen al oficio; aunque, para decir la verdad, también éstas, en su manera, pertenecen a él.

1. De su oración

Entre los dones y gracias que Nuestro Señor reparte a sus siervos se encuentra la de la oración, como lo declara el mismo Señor por el profeta Zacarías diciendo que derramaría sobre la casa de David y sobre los moradores de Jerusalén, que es la Iglesia, espíritu de gracia y de oración. Tuvo, pues, nuestro predicador este don; y fue maestro y predicador y encarecedor de esta virtud y de la necesidad que tenemos de ella. La cual tenía por tan necesaria para alcanzar las virtudes, como la tierra de agua para fructificar; y por tal se juzgaba el profeta cuando se hallaba sin ella, y así, hablando con Dios, decía: Mi ánima, Señor, está como tierra sin agua delante de Ti. Por tanto, Señor, óyeme muy aprisa, porque desfallece mi espíritu. Pues quien quisiere saber cuán encarecidamente encomienda nuestro predicador esta virtud, lea el capítulo 70 del Audi, Filia, y verá lo que este padre sentía de ella. Porque realmente ella es el fundamento de toda la vida espiritual, por tener por oficio pedir siempre la divina gracia, que es el ánima de esta vida. Y aunque los santos sacramentos, especialmente el del altar, sean tan poderosos para dar gracia; pero esto hacen cuando se reciben, que es a sus tiempos debidos; mas la oración es de todos los tiempos y horas, así del día como de la noche, y de todos los lugares. Y por esta causa y por otros muchos frutos que se siguen de esta virtud, la encomendaba este padre, así en sus sermones como en sus cartas, muy encarecidamente.

Y lo que él recomendaba a otros, mucho más lo tomaba para sí. Y así, tratando yo con él familiarmente esta materia, me vino a decir que en el mismo tiempo que predicaba, cercado de tantos negocios, tenía cada día dos horas de oración por la mañana y otras dos en la noche. Mas esta pagábalo el sueño; porque se acostaba a las once y despertaba a las tres de la madrugada; y así tenía tiempo para esto. Mas después que por las muchas enfermedades, que luego contaremos, no continuaba tanto el oficio de predicador, el tiempo que quitaba a la predicación acrecentaba a la oración. Porque en esta disposición tenía esta orden, que toda la mañana hasta las dos de la tarde gastaba con Dios y en la Misa cuando la podía decir; y en este tiempo no admitía negocio alguno por importante que fuese. Mas desde las dos hasta las seis daba audiencia a los que a él venían. Y desde esta hora hasta las diez se recogía y trataba con Dios los negocios de su ánima y de las ajenas; y así eran sus vigilias muy continuas, llenas de dolores y gemidos por los pecados del mundo. Y decía muchas veces, y aun lloraba, viendo cuán pocas viudas había en

Naím que llorasen los hijos muertos; esto es, cuán pocos sacerdotes que gimiesen por tantas ánimas muertas en pecado. Y en estas vigilias entraban las del jueves y viernes. Ca decía él que quien se acostaba y podía acabarlo consigo de dormir toda la noche del jueves, habiendo sido preso en este día Nuestro Salvador y pasado tal noche, y el viernes, estando muerto, que no correspondía a la obligación de la grandeza de este beneficio. Exhortaba también a la meditación de esta sagrada Pasión, de la cual trató divinamente en el sobredicho libro de Audi, Filia, escribiendo allí cosas de grande ternura y devoción, y declarando los grandes e inestimables frutos que de esta santa meditación se coligen.

Acudían a él también muchas personas religiosas, y otros de diversos estados, a tratar con él cosas particulares de esta virtud. Y era cosa muy notable ver la satisfacción con que se apartaban de su presencia, glorificando a Nuestro Señor por haberle dado tanta luz y discreción en estas materias, dando consejo y enseñando caminos de grande seguridad, y avisando de los peligros que en ellos puede haber.

Y es familiar consejo y doctrina suya que nos lleguemos a la oración mas para oír que para hablar, y mas para ejercitar los afectos de la voluntad que la especulación del entendimiento; antes me dijo él una vez que lo ataba como a loco para que no fuese parlero en la oración. Por donde en una carta que escribe a un sacerdote, le declara esto por una comparación, diciendo que «una cosa es hablar con el rey, y otra estar con acatamiento y reverencia en presencia de él»; y así, decía que «una cosa es hablar con Dios, y otra estar con este acatamiento y reverencia y una voluntad amorosa y temerosa delante de Él»; que es un modo fácil y devoto y aparejado para recibir particulares favores de Nuestro Señor, poniéndose el hombre como aquel hidrópico del Evangelio delante de Nuestro Salvador, esperando humildemente el beneficio de su salud.

2. De la modestia en su conversación

Como nunca un vicio anda solo, así no hay virtud que no traiga consigo otra virtud. Y así de la oración tan continua de este padre procedía la mesura y composición de su hombre exterior, y el modo de tratar de su persona. Porque no se podía hallar reloj más concertado y que más a punto diese sus horas, que lo era su vida; antes me parece que había llegado en esto a tener una participación de la inmutabilidad de los bienaventurados. Porque, entre tanta variedad de negocios y de personas con quien trataba, nunca mudaba aquel semblante y serenidad de su rostro; la cual manifiestamente procedía del recogimiento y composición del hombre interior, que redundaba en el exterior. Porque a no tener tan firmes raíces dentro, fácilmente se alterara y mudara con la variedad de los negocios que se le ofrecían.

Acaeció estar una vez diez o doce días en el Colegio de los padres de la Compañía de Jesús en Montilla, y nunca, en todo este tiempo, perdió esta su acostumbrada mesura y serenidad, imitando aquella modestia que el santo Job muestra que tenía, cuando dice que la luz de su rostro no caía en tierra, queriendo significar que nunca perdía la gravedad y mesura de su persona por cosas que acaeciesen. Y como esto notase uno de los padres de aquel Colegio, pensó que esta mesura y gravedad conservara allí por darles buen ejemplo, y así lo dijo a uno de sus familiares discípulos. Mas él le desengañó, diciéndole que esto era perpetuo en aquel padre en todo tiempo y lugar; de modo que aun andando por casas, y lo que más es, estando enfermo en cama, siempre conservaba esta misma serenidad. ¡Tan grande era el hábito que de esto tenía adquirido!

¿Pues qué diré de la mesura de sus ojos? San Vicente, en el tratado de la Vida espiritual, aconseja al religioso que no extienda la vista más de cuanto ocupa la estatura de un Crucifijo. Esto parece que había leído este padre; a lo menos así lo guardaba, porque poco mas que esto extendía comúnmente la vista de los ojos.

Acaeció también, estando en Córdoba, entrar con un padre amigo suyo en un jardín muy hermoso, donde había muchas cosas que mirar; mas como él no mudase el semblante y sosiego que solía tener, díjole el padre que con él iba: «Mire V. R. esto, y mire lo otro». Al cual él respondió, con su acostumbrada mansedumbre: «No hace eso a mi caso». Esto dijo, porque, cuando quería levantar el corazón a Dios, no se ayudaba de esta consideración de las criaturas, teniendo el misterio de Cristo por más excelente motivo para esto. Porque si no podemos en esta vida conocer a Dios sino por sus obras, ¿qué obra más excelente que la sagrada Humanidad para venir por ella en conocimiento de la soberana Deidad? Mas los que no han recibido aún lumbre para conocer la alteza de este misterio, ayúdanse de la hermosura de las criaturas para levantar sus corazones al amor y conocimiento del Criador. Y así aconsejaba él a los que se dan a leer las Sagradas Escrituras, que señaladamente se diesen a la parte de ella que trata de este divino misterio, por la gran ventaja que ésta hace a todas las otras.

Mas volviendo a nuestro propósito, pensando yo cómo podría representar con palabras el semblante y honestidad que este padre tenía en su rostro, se me ofreció una comparación de los pintores, los cuales, teniendo una tablica en la mano, donde están diversos colores, algunas veces juntan tres o cuatro colores y hacen un tercero de todos, proporcionado a lo que quieren pintar. Pues así me parece que el semblante y mesura de este padre no representaba una sola virtud, sino una como mixtura de otras; porque en él se veía una gravedad, no sola, sino acompañada con humildad, mansedumbre y blandura natural. Porque todo esto pudiera notar cualquier hombre prudente que lo mirara, pues está escrito: Por la manera de la vista se conoce el hombre, y por la figura del rostro, el que es cuerdo y sesudo. Y en otro lugar dice Salomón que como resplandecen en el agua los rostros de los que en ella se miran, así ven los varones prudentes los corazones de los hombres. Porque son nuestros ojos unas como vidrieras, por donde se traslucen mucho los afectos interiores de nuestro corazón.

Y no menos guardaba él esta modestia en sus palabras que en lo demás. Porque palabra de donaire nunca se vio en su boca. Y así entendía él aquello del Apóstol, que dice: Scurrilitas, quae ad rem non pertinet. La cual palabra glosaba él, diciendo que palabras de chocarrería no pertenecían a la gravedad del instituto de la vida cristiana. Su risa también era tal que, como se escribe de san Bernardo, más necesidad tenía de espuelas que de freno.

De lo dicho puedo yo ser buen testigo; porque si no lo conociera más que por algunas visitaciones, pudiera engañarme con lo que de presente veía; mas como la comunicación fue por muchos días, como al principio dije, usando de una misma casa y mesa, no puede dejar de maravillarme, viendo que en todo tiempo nunca vi en él en una hora más que en otra. Suelen los hombres comúnmente, acabando, de comer, soltar la lengua en palabras alegres o risas. Mas yo nunca vi en él otro semblante que el que se ve en un hombre que sale de una larga y devota oración. Lo cual no pudiera perpetuamente conservarse si no fuera por el recogimiento y unión interior que tenia siempre con Dios, con la cual procuraba tener siempre el horno de su corazón caliente, para que al tiempo del recogimiento no fuese menester mucha leña de consideraciones para meterlo en calor.

Pues esta mesura y composición del hombre exterior hacía que todos los que con él trataban le tuviesen una singular reverencia y acatamiento. Y no solo éstos, sino todos los señores y prelados con quien trataba, le tenían un grande respeto; porque su rostro era un como sobrescrito que declaraba lo que en el hombre interior estaba secreto; por lo cual algunos decían: «Este hombre, con solo verlo, nos edifica».

3. De la virtud de la pobreza

Cuán aneja sea la virtud de la pobreza a los predicadores evangélicos, claramente lo mostró el Salvador cuando envió a sus discípulos a predicar. Por lo cual, como al principio dijimos, la primera cosa que nuestro predicador hizo cuando se dedicó a este oficio, fue dar toda la hacienda que de sus padres había heredado a los pobres. Y demás ninguna cosa tuvo ni tomó todo el tiempo que vivió, sino unos pocos de libros y un recaudo para decir Misa. Y acordándose que aquel Señor, que él tanto amaba, murió en la cruz desnudo, de esto solo que tenía hizo donación a un discípulo suyo por escritura pública seis años antes que falleciese. Y ofreciéndole canonjías y rogándole con ellas, y siendo llamado a la corte por la fama que corría de su vida y doctrina, siempre se excusó con humildad. Y aunque entendía que en la corte se podía hacer más fruto, por estar allí la fuente de la justicia y de todo el gobierno; pero él, de tal manera quería servir al provecho común, que no quería poner a peligro su recogimiento con el ruido de los muchos negocios que en la corte lo inquietarían, tomando él para sí el consejo que daba a sus predicadores, a los cuales solía decir: «No más hijos que leche, ni más negocios que fuerzas».

La hacienda con que se sustentaba era la fe y confianza muy firme que tenía en la Providencia paternal de Nuestro Señor. Y así, leyendo una vez, en Córdoba, a los clérigos, mostró una Biblia pequeña que consigo traía, y llegando a aquel paso del Evangelio en que Nuestro Señor dice: Buscad primero el reino de Dios y su justicia, y todo lo demás os será dado, dijo que había echado una raya en este lugar, y fiándose de esta palabra y promesa del Salvador, que jamás le había faltado cosa de las necesarias para la vida. Y en confirmación de esto, me dijo una vez que si un genovés le diera una cédula en que esto le prometiera, se tuviera por bien proveído y seguro de que nada le faltaría, ¿pues cuánto más se debía fiar de la palabra y promesa del mismo Hijo de Dios, la cual es tan cierta, que, como el dice: Antes faltará el cielo y la tierra que alguna de sus palabras?

Decía él también a un familiar discípulo suyo, que había Nuestro Señor cumplido con él a la letra aquella palabra en que promete al que por Él dejare su hacienda, ciento tanto más en esta vida, pues no solamente nada le, había faltado, mas antes le había dado mucho más para ayudar y socorrer a muchas necesidades. Y así pudo él decir con el Apóstol: Vivimos como pobres, pero enriquecimos a muchos. Porque era grande el cuidado que tenía de acudir a las necesidades de los pobres y de los hospitales. Y así fue el que dio calor a aquel solemne hospital que se hizo en Granada, junto al monasterio de San Jerónimo. Y demás de esto, todas las personas que se querían convertir o entregar al servicio de Nuestro Señor hallaron en él abrigo o remedio, no solo para sus ánimas, sino también para sus cuerpos cuando era necesario. Y me acuerdo haberle enviado yo a Granada una de estas personas que se quería apartar del pecado, y él la recibió benignamente y la proveyó de lo necesario, porque para todo le, favorecía Nuestro Señor, enriqueciendo aquella pobreza voluntaria que por Él había escogido.

Y no contento con esto, con ser pobre de espíritu, quería también ser pobre de cuerpo. Y por eso holgaba con la ropa pobre y vieja, y pesábale con la nueva. Por donde el arzobispo de Granada, don Gaspar, mandaba a sus criados que le hurtasen el bonete o el manto viejo, y le pusiesen otro nuevo. Y una señora devota suya tuvo manera con que le hurtasen el manto viejo y le pusiesen otro nuevo. Y como él se levantase por la mañana y no hallase su manto, comenzó a decir: «Denme mi manto, denme mi manto». No hubo nadie que en esto le obedeciese, esperando vencerle con la necesidad; mas ni esto bastó; y siendo víspera de Navidad, se vistió una sobrepelliz sobre la sotana vieja que traía, y de esta manera fue a las vísperas de la fiesta. Y como esto viesen, finalmente le volvieron su manto.

Preguntóle uno de sus familiares discípulos cómo lo pasaba en Sevilla cuando comenzó a predicar y no era tan conocido como después lo fue. A esto respondió que moraba en unas casillas con un padre sacerdote, sin tener nadie que le sirviese; y cuando iba a decir misa, pedía alguno de los que allí se hallaban que le ayudase a la misa. Y cuanto a la comida, dijo que comía de lo que pasaba por la calle, leche, granadas y frutas, sin haber cosa que llegase al fuego; mas algunas personas devotas le hacían a veces limosna, con que compraba lo dicho.

Su celda y cama, y todo lo que había para su servicio, estaba todo dando olor de pobreza. Y tan amigo era de esta virtud, por acordarse de la pobreza en que el Salvador, que él tanto amaba, nació, vivió y murió, que deseaba grandemente pedir limosna de puerta en puerta como verdadero pobre, si no le fueran a la mano.

Decíale yo una vez que el bienaventurado san Francisco amó y encomendó tanto la pobreza por dos grandes bienes que hay en ella: el uno es cortar la raíz de todos los males, que es la codicia; y lo otro, porque contentándose el religioso con lo que es puntualmente necesario, lo cual a pocas vueltas se halla, queda libre y desocupado para emplearse todo en la contemplación de las cosas del cielo, como quien no tiene ya trato ni comercio con la tierra. A esto me respondió que no era ésta la principal razón de este glorioso padre, sino el amor grande y muy tierno que tenía a Cristo; y por esto viéndole nacer y vivir tan pobre, que no tenía sobre qué reclinar su cabeza, y sobre todo morir desnudo en cruz, que no podía él acabar consigo de vivir y morir sino de la manera que su querido y amado Señor vivió y murió.

4. De la virtud de su abstinencia

Hermana muy conjunta y familiar de la pobreza es la abstinencia, porque ni el pobre tiene manjares ricos, ni la abstinencia los consiente: y así se ayudan estas dos virtudes una a otra. La abstinencia de este padre era la que el Apóstol escogía para sí cuando dijo: Teniendo alimentos y con qué nos cubramos, estamos contentos. Pues así él tomaba lo necesario para sustentar la vida, mas no para irritar la gula. Y cuando era convidado a comer fuera de su casa y veía algún manjar curioso, decía luego: «Traigan cocina, traigan cocina»; porque no quería más que el comer ordinario que bastase para sustentar las fuerzas que pide el oficio de la predicación. Y aun en esto faltaba muchas veces, esperando más las fuerzas de la Providencia de Nuestro Señor, que de los medios humanos. Por lo cual, estando en Granada algo flaco y con necesidad de comer carne, la señora marquesa de Mondéjar, viendo por una parte el fruto de sus sermones, y por otra, el impedimento de su flaqueza, decía que le habían de obligar a comer carne en Cuaresma, porque no se perdiese lo más por lo menos. A lo cual él respondió, estando yo presente, diciendo: «Que el predicador testificaba y predicaba que hay favores y socorros de Dios sobrenaturales; f.que es razón que testifique por la obra lo que dice con la palabra, fiándose en muchos casos de Dios, cuando de los remedios humanos se siguen algunos inconvenientes que tienen apariencia de mal, como es comer carne en Cuaresma quien predica la abstinencia de ella».

Ni en las comidas ordinarias decía: «quiero esto o lo otro», sino tomaba lo que le ponían delante, no siendo cosa muy curiosa, como ya dijimos. Acaeció una vez, estando cenando en un monasterio nuestro, que le pusieron primero un cierto manjar, y junto con él unas sardinas que él holgara de comer acabado el primer plato; mas un niño que servía a la mesa, ignorantemente levantó este plato. Acudió entonces el padre con su acostumbrada mansedumbre, diciéndole: «Sea así como vos queréis». Esta palabra tan simple da bien en qué filosofar; porque declara cuán resignado estaba este padre y cuán sin voluntad, y tan ajeno de tener querer y no querer; pues no se atrevió a decir a un niño: «deja el plato». Porque, a ser hombre el que servía, no me maravillara tanto de no querer él dar nota de que tenía apetito de algo; mas guardar esta moderación con un niño, esto es lo que más admira.

Bebía el vino muy templado, y probábalo primero para ver si estaba bastantemente aguado, acordándose que san Agustín se acusa, como verdadero humilde, que estando muy lejos de toda embriaguez, alguna vez había excedido los términos de la templanza; por lo cual este siervo de Dios examinaba primero lo que había de meter en casa, para quedar perfectamente señor de sí y no faltar en sus estudios y ejercicios; porque, como aconseja san Jerónimo, después de comer pueda el hombre leer y orar. Mas en este tiempo aconsejaba él tener silencio, considerando que suelen los hombres desmandarse en palabras o porfías con el calor de la comida.

5. De la paciencia en las enfermedades

Pasemos de estas virtudes a otras de mayor dificultad y merecimiento, cual es la paciencia en las cosas arduas y dificultosas, en la cual se prueba la fineza de la virtud; pues no quiso Nuestro Señor que saliese su siervo de este mundo sin corona de paciencia, ni que caminase por otro camino que Él caminó, que fue de cruz. Y así diremos primero de la paciencia en las enfermedades, y después de la que tuvo en las injurias, que es aún de mayor perfección.

Comenzaron pues, sus enfermedades poco después de los cincuenta años de su edad. Porque uno de los frutos que cogió del continuo trabajo de predicar, y más tan largos sermones y predicados con tan grande fervor y espíritu que hacía estremecer los corazones, fue estragársele todos aquellos miembros interiores que gobiernan nuestros cuerpos. Porque tenía el estómago muy perdido; y con esto, dolores de hijada y de riñones, y gota artética, con dolores agudísimos en las conjunturas de los brazos y piernas; y junto con esto recias calenturas.

Dijo él a un familiar discípulo que lo curaba, que le iba mejor con los dolores, con ser tan recios, que con las calenturas. Lo uno, y más principal, porque Nuestro Salvador padeció dolores; y lo otro, porque la calentura le ocupaba muchas horas del día, y lo recio de los dolores duraba como seis horas y pasadas éstas, podía rezar y leer y dar audiencia a los prójimos que venían a aconsejarse con él. Y por esto solía el llamar a las calenturas impedimentos o estorbos; no haciendo caso del trabajo que daban sino del tiempo que ocupaban, con que impedían los buenos ejercicios, teniendo esto por mayor mal que el dolor. Y solía él decir en lo más recio de los dolores y de las enfermedades: «¡Señor, más mal, y más paciencia!». Un día estuvo apretadísimo y muy angustiado con los dolores, y decía: «¡Ah Señor, que no puedo!». En este tiempo se le aplicaban remedios de medicina, y rezaban los que allí estaban la letanía, y el dolor no cesaba. Y decía a los que presentes estaban: «Hermanos, esto ha de ser así hasta que Nuestro Señor quiera». Pasado este aprieto, dijo él a uno de sus familiares discípulos que una noche tuvo un aprieto como éste, y los hermanos que le servían andaban muy cansados, y así estaban durmiendo, y la lumbre se había apagado, y creciendo todavía el angustia, por no despertar a los que le servían, pasaba su trabajo a solas. Y vencido por la fuerza del dolor, pidió a Nuestro Señor se lo quitase, y luego durmió un poco y despertó sin dolor y sin angustia. Dijo entonces a uno de sus discípulos: «¡Oh, qué bofetada me ha dado Nuestro Señor esta noche!». Palabra es ésta mucho para notar, y lenguaje que no entenderá la carne y la sangre; mas entendíalo este varón de Dios, porque conocía el valor y mérito de la paciencia en los dolores, y veía que con su petición había perdido parte de este merecimiento; y junto con esto reconocía que Nuestro Señor le había humillado y dado conocimiento de su flaqueza, pues rehusó como flaco llevar la carga. Y filosofando sobre esta materia, dijo un día, cuando le apretaban estas enfermedades: «Tan admirable es Dios con el enfermo al rincón, como con el predicador en el púlpito».

Y quien quisiere saber qué tanto tiempo duraron estas tan graves enfermedades, sepa que duraron por espacio de diecisiete años. Cosa es ésta que me ha puesto grande admiración, y dádome a entender cuánto agradan los trabajos llevados con paciencia a Nuestro Señor; pues habiendo este siervo suyo trabajado tantos años en oficio tan agradable a Dios, como es la predicación, y ganado tantas ánimas, y criado y enseñado tantos discípulos, y fundado tantos estudios, trabajando días y noches, y ganando tantas coronas cuantas ánimas sacó de pecado, a cabo de tantos merecimientos, cuando en su vejez hubiera de descansar de tantos trabajos, le proveyó Nuestro Señor de otros muchos, mayores que los pasados; pues en aquellos había gustos y consolaciones, y en estos gravísimos dolores. Por lo cual entiendo cuán grande sea el mérito de los dolores; pues tan a manos llenas hinchió Nuestro Señor a éste su siervo de ellos. Séneca prueba que los trabajos e infortunios de esta vida no son malos, por haberlos padecido Catón, que él tenía por virtuoso. Pues, según esto, ¿con cuánta mayor razón probaremos lo mismo, pues tanta parte de trabajos dio Nuestro Señor a éste tan grande siervo suyo?

No consiente Dios que su gracia y sus dones estén ociosos. Los mercaderes no quieren tener su dinero muerto en el arca, donde nada gana, sino negocian y tratan con él para acrecentarlo. Pues conforme a esto, donde Nuestro Señor ve que hay mucho caudal de gracia, procura darle materia en que se emplee; y no hay materia de mayor ganancia que las tribulaciones llevadas con paciencia; pues, como el Apóstol dice: Las tribulaciones de esta vida, que duran un momento, nos son materia de un eterno e incomprensible galardón.

Y entre innumerables ejemplos que de esto hay, no es el menor el de san Lorenzo mártir, el cual, después de tres veces azotado con cruelísimos y diversos azotes, diciendo él: «¡Oh buen Jesús, recibe mi espíritu», oyó una voz de lo alto, que le dijo: «Aún muchas batallas te quedan para pelear». Dijo esto el Señor porque entendía tener el santo mártir fortaleza y gracia para padecer más; y porque no perdiese él este acrecentamiento de su corona, le ofreció materia de más paciencia. Y el argumento y prueba de ser ésta la causa de los trabajos que Nuestro Señor envía a sus siervos, es la paciencia y contentamiento que tienen con ellos; porque el piadoso Señor que provee lo uno, provee también lo otro, como lo vemos en este su siervo.

Mas, sobre todo lo dicho, es de notar que en medio de tantas enfermedades no dejaba él de ayudar las ánimas en todo lo que podía, haciendo exhortaciones en monasterios de monjas, de quien tenía particular cuidado por ser esposas del Señor, consolando y enseñando a muchas personas las cosas necesarias a su salud, escribiendo muchas veces cartas espirituales, en que le dio Nuestro Señor tanta gracia y discreción de espíritu, que era única medicina para cualquier suerte de necesidades espirituales y trabajos una carta de su mano; tanto era la gracia y espíritu y eficacia con que sabía consolar y dar ánimo a quien tenía necesidad de consuelo.

Estas, pues, eran sus ocupaciones en medio de sus enfermedades y dolores. Ni se contentaba con esto; mas también cuando venía alguna fiesta grande, particularmente del Santísimo Sacramento, o de Nuestra Señora, de las cuales salinidades era devotísimo, luego se levantaba de la cama, dándole fuerzas aquel Señor que le daba la enfermedad; y predicaba de ordinario ocho sermones, uno en cada día de la octava del Santo Sacramento, y esto con tan buena disposición corporal, que parecía del todo sano; mas luego, pasados los ocho días, volvía como de antes a la misma enfermedad; y esto duró muchos años; y en particular fue más notable su fervor y eficacia en los sermones en lo último de su vida.

6. De la paciencia en las injurias

Y aunque este linaje de paciencia sea de grande merecimiento, otro hay de mucho mayor, que es la paciencia en las injurias. Y por esto no quiso Nuestro Señor que éste su siervo perdiese esta segunda corona de más alta paciencia. Y así lo quiso sellar con su sello, dándole a beber el cáliz que Él bebió cuando dijo: No es mayor el siervo que su Señor. Si a Mí persiguieron, a vosotros perseguirán; y sí calumniaron mis palabras, también calumniarán las vuestras. Y así acaeció a este padre; pues sus palabras fueron calumniadas y denunciadas en el Santo Oficio, diciendo de él que cerraba la puerta de la salvación a los ricos, y otras cosas de esta calidad. Por lo cual los señores inquisidores de Sevilla mandaron que estuviese recogido hasta averiguarse su causa. Era entonces vivo el maestro Párraga, regente de nuestro Colegio de Santo Tomás, persona a quien autorizaban mucho letras, edad y santidad. Este, pues, conociendo la virtud y santidad de este padre y el grande fruto que hacía con su doctrina, me contó que le aconsejaba muy ahincadamente que tachase los testigos que habían depuesto contra él; alegando que, como un hombre en su legítima defensión puede matar a su agresor, así puede tachar los testigos que la infaman. Mas ni con esta razón ni con otras pudo acabar con él esto, alegando que estaba muy confiado en Dios y en su inocencia, y que ésta le salvaría; pues Dios Nuestro Señor, como dijo san Agustín, «no ama y desampara», mayormente en el tiempo de la tribulación; antes dice Él en el salmo, hablando con el justo: Con él estoy en la tribulación: librarlo he y glorificarlo he.

Lo cual a la letra cumplió con este su siervo, el cual salió de aquella calumnia más probado y acreditado, ordenando los señores inquisidores que predicase un día de fiesta en la misma iglesia donde antes predicaba, que era en San Salvador, iglesia grande y colegial de Sevilla; y en apareciendo en el púlpito comenzaron a sonar las trompetas, con grande aplauso y consolación de la ciudad. Mas él, por cumplir lo que el Salvador nos aconseja, comenzó el sermón exhortando a los oyentes a que hiciesen oración por los que le habían calumniado.

Mas en el tiempo de este entretenimiento, ni este padre estuvo ocioso, ni Nuestro Señor olvidado de él, pues es tan cierta condición suya consolar a los que por su amor padecen trabajos, de tal manera, que a la medida de las, tribulaciones reparte las consolaciones, como dice el salmo. Y así, tratando una vez familiarmente conmigo de esta materia, me dijo que en este tiempo le hizo Nuestro Señor una merced que él estimaba en gran precio, que fue darle un muy particular conocimiento del misterio de Cristo; esto es, de la grandeza de esta gracia de nuestra redención, y de los grandes tesoros que tenemos en Cristo para esperar, y grandes motivos para amar, y grandes motivos para alegrarnos en Dios y padecer trabajos alegremente por su amor. Y por eso tenía él por dichosa aquella prisión, pues por ella aprendió en pocos días más que en todos los años de su estudio. En lo cual vemos haber hecho Nuestro Señor con este su siervo una gracia muy semejante a la que hizo al profeta Jeremías. Porque estando, por la verdad que predicaba, preso, le consoló Nuestro Señor en la cárcel con una gloriosísima y muy alegre revelación, diciéndole: Llámame y oírte he, y revelarte he muy grandes y verdaderos misterios que tú no sabes. Porque allí le reveló la reparación de Jerusalén después del cautiverio de Babilonia, y la renovación del mundo por la venida de Cristo, declarándole todo esto, en el capítulo 33, por grandes y magníficas palabras. Pues de esta manera consoló Nuestro Señor a este su siervo estando preso, dándole especial lumbre y conocimiento del misterio de nuestra redención, que es la más alta filosofía de la Religión cristiana.

Ni faltaron después de ésta otras persecuciones y emulaciones; porque no de valde dijo el Salvador: «Si al padre de la familia llamaron Belcebub, ¿cuánto más a los de su casa?». Y si la envidia tanto persiguió a este Señor, que lo trajo a la muerte, como Pilato lo entendió, ¿qué maravilla es perseguir ella a los suyos? No sin causa dijo Séneca: Si nullos tibi inimicos facit injuria, multos facit invidia. Quiere decir: «Si estás libre de enemigos porque a nadie hiciste injuria, no faltarán otros que lo sean por envidia». Así, pues, le sucedió a este siervo de Dios; ea viendo algunos predicadores la fama y el grande concurso con que sus sermones eran oídos, y viéndose a sí más olvidados, teniendo por injuria propia la prosperidad ajena, eran muy molestados de este gusano, el cual roe las entrañas de donde procede como víbora que rompe los hijares de la madre de donde nace. De estas contradicciones padeció este padre muchas, mayormente en el principio de su predicación, hasta que finalmente, con la prueba y fineza de su virtud, venció la envidia. Mas nunca por estas contradicciones perdió la paz y serenidad de su ánima, que siempre conservaba; y no solo no habló palabra alguna contra sus émulos, mas antes procuraba por todos los medios que podía aplacarlos y sacarles aquella espina del corazón. Mas con estoque ellos hacían para dañar, daban a este padre materia para merecer; porque sabía él, como quien tantas veces lo había escrito y predicado, ser propio de los hijos de Dios hacer de las piedras pan, y medicina de la ponzoña, y crecer en la virtud con lo que otros descrecen. Y así declaró él a uno de sus familiares discípulos el provecho que estas contradicciones habían causado en su ánima.

7. De la devoción que tenía a Nuestra Señora

Como este padre era tan amigo del Cordero, así también lo era de la Oveja que lo parió y crió. Quiero decir, que como era tan amigo del Hijo, así lo era de la Madre. Ca es tan grande la unión y liga que hay entre Hijo y Madre, que quien ama mucho al uno ha de amar mucho al otro; pues la carne del Hijo es tornada de la misma sustancia y carne de la Madre; que forzadamente quien mucho ama al Hijo ha de amar mucho a la Madre. Y por aquí entendía la alteza y dignidad de esta Señora, filosofando y haciendo argumento de la dignidad del Hijo para conocer la de la Madre. Porque engrandece la fe católica y toda la teología la humanidad de Cristo Nuestro Señor sobre todo lo que pueden hombres y ángeles comprender. Porque ya que Dios se quiso abajar a tomar nuestra humanidad, tal había de ser ella, que no fuese deshonra, sino grandísima gloria hacerse tal hombre cual se hizo. Pues por aquí también entendemos la dignidad y excelencia de la Madre; porque ya que este Señor quiso tener Madre de que naciese, tal había de ser la Madre, que no fuese deshonra, sino grandísima gloria suya ser Hijo de tal Madre.

Entendía, pues, esto muy bien nuestro predicador, y así era grande la devoción que a esta Señoría tenía. La cual se le parecía bien en la ternura y devoción de los sermones que de ella predicaba. Y aquí cabe decirse una cosa que declara más en particular esta su devoción. Pidiéronle, estando en Granada, que en un sermón encomendase al pueblo ayudase con sus limosnas a la fábrica de la iglesia mayor que entonces se comenzaba, con advocación de Nuestra Señora. Y entre otras razones y persuasiones dijo: «Yo iré allí, y tomaré una piedra sobre mis hombros para poner en la casa que se edifica a honra de la Madre de Dios». Y dio Nuestro Señor tanta eficacia a esta y otras palabras que sobre esto dijo, que se allegó una copiosísima limosna, mayor de lo que se puede encarecer. Y los pobres que no tenían dinero, vendían en almoneda sus cosas para dar limosna a esta obra. Y todas las veces que la encargó fue ayudada de muchos con mucha largueza.

Aconsejaba siempre y predicaba con maravilloso fervor esta devoción. A las doncellas, aconsejando virginidad y pureza; y así muchas, por su medio, dejaron el mundo, siendo grandes en estado, y hicieron voto de castidad; y otras entraron en religión.

Aconteció en Sevilla que un hombre principal, estando muy tentado de matar a su mujer, por celos que tenía, fue a hablar con este varón de Dios y a tomar con él parecer; y fuéronse a una iglesia que estaba cerca, y oyóle todo lo que tenía que decir en este caso, y después de muchas razones, no estando esta persona convencida, le dijo: «Mucho me duele que os aprovechen tan poco los consejos que os doy; y pues todavía quedáis tan fatigado, os ruego os vais delante de aquella imagen de Nuestra Señora que está allí, y le supliquéis os remedie en tan gran aflicción como tenéis». Y esta persona lo hizo así, sintió luego en su corazón remedio y alivio en su trabajo; y fue luego a decírselo a este padre y ambos glorificaron a Dios por esta merced que les había hecho en habelle librado de esta tan grande aflicción y engaño que tenía de su mujer.

8. De la devoción que tenía al Santísimo Sacramento del altar

Declaramos poco antes la especial lumbre y conocimiento que este padre tenía del misterio de Cristo. Pues la misma luz y gracia que Nuestro Señor le dio para el conocimiento del Santísimo Sacramento del altar. Y no es esto de maravillar, por ser tan vecinos entre sí estos dos Misterios, pues el mismo Señor que fue sacrificado en el monte Calvario es el que se sacrifica en la Misa. Y así era admirable la devoción y reverencia que este varón de Dios tenía a este divinísimo Sacramento, la cual crecía con las consolaciones y gustos que con este pan celestial recibía. Y aunque ambos misterios eran pata él de grande edificación y consolación, pero del primero tenía fe, aunque muy viva; mas del segundo, juntamente con la fe, tenía gusto y experiencia, por las grandes y cotidianas consolaciones y favores que con él recibía. Los cuales eran tales, que predicando una vez, dijo que por la gran experiencia que tenía de la virtud y efectos que este divino Sacramento obra en las almas, no solo no le era dificultosa la fe de este divino misterio, sino antes muy fácil y suave. Y como sea verdadero el común proverbio que «cada uno cuenta de la feria como le va en ella», como a él iba tan bien con el uso de este Sacramento, así predicaba de él cosas altísimas y con grande espíritu.

Y no contento con las alabanzas de la viva voz, escribió también más de cien pliegos de escritura sobre el Evangelio de esta fiesta tan gloriosa, los cuales están en poder de uno de sus muy familiares discípulos.

Mas no se contentó él con comer este bocado a solas, sino partiólo con todos sus hermanos. Quiero decir que predicó muchas veces encomendando la frecuencia de la sagrada comunión y esto en tiempo que no la había en la tierra. Por lo cual padeció muchas persecuciones y contradicciones, así de los prelados como de otras personas que extrañaban este negocio; no porque él fuese nuevo, pues nació con el mismo Evangelio, en tiempo de los Apóstoles, sino porque la malicia y negligencia de los hombres había hecho nueva la cosa más antigua y más provechosa de toda la Religión cristiana. Mas como él no se movía por el sentido del mundo, sino por el espíritu de la verdad que en su corazón moraba, fiado de él, se opuso contra todo el torrente del mundo, teniendo por dichosas las tempestades que por esta causa contra él se levantaron.

Y demás de esto, para despertar la devoción de los fieles, predicaba todos los ocho días de las octavas de su fiesta, como arriba dijimos, y procuraba que la procesión de este día se hiciese con mucha solemnidad.

Y demás de esto, estando en Granada, predicaba todos los jueves en el sagrario de la iglesia mayor, adonde acudía mucha gente, con ser día de trabajo.

Y para mayor acrecentamiento de esta devoción, escribió cartas a los Sumos Pontífices, suplicándoles ordenasen que todos los jueves del año se rezase de santo Sacramento.

Y a los sacerdotes hacia pláticas familiares, declarándoles la devoción y reverencia con que se habían de aparejar para celebrar.

Y a los que de éstos eran predicadores o discípulos suyos, aconsejaba que exhortasen en sus sermones a la frecuencia de este Sacramento, y por este medio se vinieron a ganar y remediar muchas almas. Y así a él como a todos los suyos hizo Nuestro Señor por aquí grandes mercedes. Mas de tal manera exhortaba él a esta frecuencia, que se tuviese respeto a la vida y costumbres y aprovechamiento de los que lo frecuentaban, y que conforme a esto el prudente confesor alargase o estrechase la licencia para comulgar, como parece por las cartas que él escribió a algunos predicadores sobre esta materia, llenas de prudencia y discreción, como quien tanta experiencia tenía de estas cosas.

Decía él Misa con tantas lágrimas y devoción, que la ponía a los que la oían. Y con decirla de esta manera, dijo una vez a uno de sus discípulos: «Deseo decir bien Misa un día». Y otra vez dijo al mismo, que cuando acababa de recibir a Nuestro Señor en la Misa, no quisiera abrir la boca. Esto puede interpretar cada uno como le pareciere. San Bernardo dice que «la boca es un instrumento muy aparejado para vaciar el corazón»: y por ventura lo diría por esto, deseando atapar la boca del horno para que el fuego de amor, que con este Sacramento se enciende, no saliese a fuera: o también diría esto por parecer a su devoción ser cosa indigna que ¡entrase otra cosa por la boca por donde Dios entró. Decía también que toda su vida deseó morar en una casa que tuviese una ventana para el Santísimo Sacramento. Este deseo era efecto propio del amor, el cual en ninguna parte huelga más que donde está la presencia de la cosa amada. Agora le habrá Nuestro Señor cumplido más enteramente este deseo, pues le verá faz a faz.

Y si tanto se alegraba viéndolo debajo del velo que acá se nos muestra, ¿qué será mirado sin velo en su misma gloria y hermosura?

Decíale una vez uno de sus familiares discípulos: «Señor, ¡si fuera Jerusalén de cristianos, para que nos fuéramos poco a poco allá a vivir y morir en aquellos lugares santos, donde el Salvador obró nuestra redención!». Oyendo él esto, con su acostumbrada serenidad respondió: «¿No tenéis ahí el Santísimo Sacramento? Cuando yo de él me acuerdo, se me quita el deseo de todo cuanto hay en la tierra».

Este lenguaje no es para todos, sino para aquellos a quien Nuestro Señor ha dado especial gusto de este pan celestial, y particular lumbre para conocer la grandeza de la caridad que el Salvador nos mostró en él, queriendo aquella soberana Majestad que beatifica los ángeles en el cielo, morar con los pecadores en la tierra, y aposentarse dentro de nuestros cuerpos y ánimas para santificarlas y hacerlas semejantes a

Sí en la pureza de la vida, y después en la alteza de la gloria. Pues el que esto conoce, no solo por fe viva, sino también por experiencia y particular lumbre del Espíritu Santo, no es maravilla que el tal hombre dijese que acordándose de este divinísimo Sacramento, se le quitase el deseo de todo cuanto hay en la tierra.

Y era tan grande el deseo que tenía de recibir cada día este pan de los ángeles, y como por las grandes enfermedades y flaquezas que padecía tenía necesidad de comer algo a las dos o a las tres de la mañana, procuró Breve de Su Santidad para poder comulgar antes de estas horas. Y este Breve le alcanzó el padre Salmerón del Papa Paulo IV, año de 1558, informando a Su Santidad de los méritos y enfermedades de este siervo de Dios; en el cual le concedió que después de las doce de la medianoche que pudiese decir Misa, o comulgar de mano de otro que la dijese.

Finalmente, era tan grande la devoción que tenía a este divinísimo Sacramento, que tomó por un linaje de recreación y alivio de su enfermedad escribir cosas devotísimas de él. Y como tenía singular devoción a este Sacramento, así la tenía al misterio de Cristo y a su Santísima Madre, como ya dijimos, diciendo que, aunque toda la vida quisiese escribir de estas tres cosas, nunca le faltaría materia para ellas. Y lo mismo decía del Espíritu Santo; porque como él experimentaba tan a la continua los efectos e influencias de Él en su ánima, de aquí también le procedía grande devoción para con Él, y que ésta también le darla motivo para que nunca le faltase qué decir, así de este divino Espíritu como de las otras cosas susodichas. Porque la devoción, como dicen los Santos, es lengua del ánima; y así vemos que cuando ella está devota, sabe decir cosas muy devotas y cordiales a Nuestro Señor; lo cual no sabe hacer cuando no lo está. Por donde no es maravilla que teniendo este padre tan grande devoción a estas cosas susodichas, ella le diese siempre materia que poder decir de ellas.

Tercera parte. Del fruto de su predicación, y medios con los cuales se consiguió

Capítulo IV. De la predicación de este siervo de dios, y del fruto que con ella hizo

Del varón justo se escribe que será como el árbol plantado par de las corrientes de las aguas, el cual dará su fruto en su tiempo y nunca le faltarán las hojas, y en todo lo que hiciere será prosperado.

Veamos, pues, agora qué fruto dio nuestro árbol plantado par de las corrientes de las aguas de las santas Escrituras, y criado con la lluvia de la gracia, y con el aire y soplo del Espíritu Santo, y cultivado con la labor y ejercicio de las virtudes. Porque llegado a esta perfección y aprovechado en sí, es razón que comience a dar fruto y aprovechar a los otros.

Y tomando este negocio desde el principio de su predicación es de saber que deseando este padre emplear sus fuerzas y letras en servicio de Nuestro Señor y edificación de las ánimas, parecióle escoger para esto el lugar donde hubiese más trabajo y más necesidad, y menos honra y aplauso del mundo, y así le pareció que debía navegar a las Indias. Para lo cual se le ofreció comodidad, juntándose con el obispo de Tascala, que lo quería llevar consigo a las Indias. Vino, pues, para esto a Sevilla, y estaba allí esperando tiempo y aparejándose para la navegación. Mas Nuestro Señor, que lo tenía escogido para otro lugar, y que muchas veces declara su voluntad imposibilitando la nuestra impidió esta jornada por una nueva manera. Porque los días que estaba aguardando por tiempo para su viaje, yendo cada día a decir misa a una iglesia, decíala con tanta devoción y reverencia y con tantas lágrimas, que oyéndola el padre Contreras, persona de mucha reputación y virtud, movido con esta ocasión, comenzó a comunicarle y querer saber de él el intento que tenia. Y conocido su propósito, trabajó por apartarle de él, diciéndole que harto había que hacer en el Andalucía sin pasar la mar.

Mas como él no quería desistir de su propósito ni faltar a la compañía, acudió el dicho padre al señor don Alonso Manrique, arzobispo de Sevilla e inquisidor general, dándole noticia de la persona y del fruto que podía de ella esperar en este su arzobispado, persuadiéndole que le mandase llamar y obligase por obediencia a quedar en él. Llamado, pues, el padre, alegando lo que arriba está dicho, y excusándose todo lo posible, después de muchas razones, finalmente, el Espíritu Santo, que por los Pontífices declara muchas veces su voluntad, de tal manera se aficionó a este padre, que le mandó por precepto de santa obediencia, que se quedase en su arzobispado, y así se quedó. Y luego le mandó que predicase; y aunque él se excusó, como nuevo en aquel oficio, todavía lo hubo de hacer. Y el sermón fue en la iglesia de San Salvador, día de la Magdalena, asistiendo allí el arzobispo con otra gente principal; y fue éste el primer sermón que predicó.

Contó después el padre a uno de sus discípulos que se había hallado muy apretado antes que subiese al púlpito, y muy ocupado con vergüenza. Y como así se viese, levantó los ojos a un Crucifijo que allí estaba, diciendo estas palabras: «Señor mío, por aquella vergüenza que Vos padecisteis cuando os desnudaron para poneros en la Cruz os suplico que me quitéis esta demasiada vergüenza y me deis vuestra palabra para que en este sermón gane alguna ánima para gloria vuestra». Y así le fue concedido. Y dijo después el padre a uno de sus discípulos, que había sido éste uno de los grandes sermones que había predicado y de más provecho; y así dejó a los oyentes grandemente maravillados, viendo el espíritu y fervor con que predicó.

Comenzó, pues, a predicar con este mismo fervor como siempre solía, y así movía grandemente los corazones de los que le oían. Aquí se llegó a él el padre Contreras, de que arriba hicimos mención, y algunos clérigos virtuosos que trataron familiarmente con él y se aprovecharon de su doctrina. Predicaba también en los hospitales y seguíale mucha gente. Comenzó también a dar orden en las escuelas de los niños y a predicar la doctrina cristiana por las plazas; y en este oficio perseveró en Sevilla por algún tiempo.

Mas porque los predicadores son nubes, como los llama Isaías, que andan regando diversas tierras doquiera que la voluntad del sumo Gobernador los encamina, como se escribe en Job; de Sevilla pasó a otros lugares del mismo arzobispado, como fue Alcalá de Guadaira, Jerez, Palma y Écija; gastaría nueve años predicando en estos lugares, comenzando él su predicación de los veintiocho o treinta años de su edad, y en todos ellos con notable fruto y aprovechamiento y llamamiento de muchos, por muy duros que fuesen. Un día oíle yo encarecer en un sermón la maldad de los que, por un deleite bestial, no dudaban en ofender a Nuestro Señor, alegando para esto aquel lugar de Jeremías: Obstupescite coeli super hoc, etc.étera. Y es verdad, cierto, que dijo esto con tan grande espanto y espíritu, que me parecía que hacía temblar las paredes de la iglesia. Y sería larga cosa de explicar el fruto que con sus sermones se hacía, aunque adelante trataremos algo de esto en particular.

Después de estos lugares susodichos, vino a Córdoba en tiempo del obispo don fray Juan de Toledo, y continuó allí su predicación por muchos días con grande concurso de oyentes y satisfacción de todos. Y tendida la red del Evangelio, entraron muchos peces en ella de diversas personas, así de caballeros y clérigos, y de otras personas de menor calidad. Y estuvo también allí en tiempo del obispo don Cristóbal de Rojas, y por su consejo ordenó de allí un Colegio de clérigos virtuosos, para que de allí saliesen a predicar por los lugares vecinos.

En este tiempo se celebró un sínodo en esta ciudad, en el cual predicó a solos los clérigos apartadamente, a los cuales deseaba él más aprovechar que a todos los otros, Por ser ellos los ministros de los sacramentos y de la palabra de Dios; y con este ardor y deseo les predicó con tan grande fervor y espíritu, que hubo entre ellos muchas mudanzas. Porque unos se determinaron de mudar la vida, y otros de seguir a él y entregarse a él por sus discípulos; y a otros que parecían personas de ingenio, envió a estudiar a Salamanca. Los cuales, acabados sus estudios, y volviendo al padre después de aprovechados con su doctrina y compañía, enviaba a predicar y confesar a diversas partes. Y éstos fueron muchos y de mucho provecho.

En este tiempo ordenó él que en aquella insigne ciudad de Córdoba, afamada de grandes ingenios, hubiese lección de Artes y Teología; y él proveyó de lectores a los discípulos que tenía; y duró esto hasta que los padres de la Compañía de Jesús fundaron allí un Colegio, los cuales sucedieron en este oficio. Y en este tiempo él leía en las tardes una lección de la Sagrada Escritura, con grande concurso Y aprovechamiento de los oyentes. Y era muy notable lo mucho que en esta ciudad trabajaba y lo mucho que lucían sus trabajos.

1. De cómo predicó en Granada

De Córdoba fue a Granada, en tiempo de don Gaspar de Ávalos, arzobispo que era de Ganada, gran prelado y siervo de Dios. En esta ciudad parece que le renovó Dios su espíritu; porque cebado con el fruto que se habla hecho en Córdoba y en otros lugares, y cobrando nueva esperanza con la virtud y santidad del prelado de aquella ciudad, se ofreció de nuevo al trabajo de la predicación. Al principio de ella, entendiendo el buen pastor la excelencia y eficacia de su doctrina, se alegraba de cómo Dios le había dado tal ayudador para descargo de su obligación. Y luego lo aposentó en un cuarto apartado de su misma casa; y de su consejo se ayudaba en todas las cosas de importancia.

Comenzó, pues, aquí este padre a predicar con nuevo fervor y espíritu, y así respondió el fruto al trabajo; porque aquí se ofrecieron muchos a ser sus discípulos; y particularmente se hizo gran provecho en los maestros y doctores del Colegio de esta ciudad, del cual hubo muchos que trataron familiar mente con él, aprovechándose de su doctrina y profesando nueva vida. Y como la ciudad de Granada es tan grande, y hay en ella mucha clerecía y muchos estudiantes, así hubo muchos de éstos aprovechado con su doctrina. A lo cual también ayudaba la religión y santidad del prelado, que favorecía mucho todas las cosas de virtud; y ayudaba también el ejemplo de muchas personas que se habían señalado en la virtud con la doctrina que oían. Y florecía con esto la frecuencia de los sacramentos. Y de los discípulos había algunos más familiares que comían con él a su mesa en un pequeño refitorio que tenía.

Y hízose también aquí un Colegio de clérigos recogidos para servicio del arzobispado, y otro de niños para enseñar la doctrina cristiana. Y pudiera referir aquí las personas insignes que fueron tocadas de Nuestro Señor, que después fueron doctores en Teología y, muy útiles a la Iglesia con su ejemplo y doctrina; y por ser muchos de ellos vivos, no me pareció referir aquí los nombres de ellos. Y porque en esta ciudad sucedieron prósperamente estas y otras cosas semejantes, alegrándose el padre del fruto de sus trabajos, cuando nombraba esta ciudad la llamaba él «mi Granada», por haber allí lucido tanto su trabajo; porque parece que la mano de Dios entrevenía en este negocio, favoreciendo a este su fiel siervo, que día y noche no pensaba ni trataba sino de amplificar su gloria.

Viendo, pues, el religiosísimo arzobispo el fruto que se hacía en su Iglesia con la doctrina de este padre, insistía mucho en tenerlo siempre consigo, así para su consejo como para el bien de las ánimas, y así le decía: «Hermano Maestro, estaos aquí con nos; mirad que aquí servís mucho a Nuestro Señor». A lo cual él respondió: «Reverendísimo señor, todo lo que Nuestro Señor fuere servido haré, como es razón». Mas no contento el arzobispo con esta respuesta general, le apretó mucho para que le diese palabra de ello. Mas ni toda esta importunidad, ni ofrecerle la canonjía magistral, que entonces vacó, bastaron para obligarle a disponer algo de sí, como hombre que no era suyo, sino del Señor que lo había escogido para aquel oficio. Y entendía él que los que éste oficio tienen han de atender a la voluntad del Señor, y por ella han de disponer de su asiento y de sus caminos. Por lo cual éste siervo de Dios no se quiso prendar, ni dar palabra de estar en un jugar, como hacen muchos, y por esto es su predicación de poco fruto; porque en un jugar sobra la doctrina y en otros falta; ahitando, a los unos con la continuación de ella, y dejando a otros perecer de hambre con su falta. A los cuales demás de la caridad, debía inclinar a mudar lugar el nuevo gusto y fruto que reciben los nuevos oyentes con el nuevo predicador.

2. Predicó en Baeza

Cultivada ya en Granada, según sus fuerzas, esta viña del Señor, fue a Baeza a predicar y fundar un insigne Colegio, para el cual una persona principal y rica dejó renta suficiente. Y viendo que en la ciudad había bandos antiguos y muy sangrientos entre Benavides y Carvajales, por haber intervenido muerte y sangre entre ellos, tal gracia y fuerza dio Nuestro Señor a la palabra de su siervo, que tan agramente se dolía del perdimiento de las ánimas, que allanó mucha parte de estos bandos; y lo que no había podido hasta entonces el brazo del rey, pudo el de este pobre clérigo, ayudado de Dios. Y junto con este fruto tan señalado, hubo también particulares llamamientos de caballeros y de señores principales y de otra gente popular; porque la palabra de Dios en la boca de este su siervo, doquiera que predicase, era fuego que encendía los corazones y martillo que quebrantaba la dureza de muchos, porque por esto le puso Dios estos dos nombres en Jeremías.

Y así sucedió aquí una cosa notable; que en una casa principal donde se hacían las juntas de los que traían bandos y se forjaban las enemistades, vino a fundarse un Colegio muy formado, el cual se hizo después Universidad con gran facultad para poder allí graduarse. Y como este padre fue siempre tan devoto de que en la primera edad, antes que resucitase la malicia, fuesen los niños instruidos en doctrina cristiana y buenas costumbres, dio orden cómo se hiciese allí un colegio de niños para este efecto. Y porque esta Universidad no solo fuese escuela de letras, sino también de virtudes, sin las cuales aprovechan poco las letras, trajo el padre para la fundación de esta Universidad los discípulos señalados que había dejado en Granada. Y porque, como el Salvador dice, el reino de los cielos es semejante al grano de mostaza, que con ser el más pequeño de las semillas, viene a hacerse árbol, así se ha visto en la fundación de este Colegio; porque de Colegio particular, se hizo Universidad, a la cual acuden de aquella tan poblada tierra gran número de estudiantes. Y, lo que más es, los maestros fundadores de la Universidad eran hijos legítimos y muy familiares del padre Ávila, criados con leche de su doctrina e instruidos en su manera de predicar; y con esto han hecho mucho fruto en aquella tierra, y tales han procurado hacer a sus discípulos. Y así han salido de esta Universidad hombres señalados en letras y virtud, los cuales, con su doctrina y ejemplo, han hecho mucho fruto en diversos lugares de aquel obispado de Jaén. Y así el grano de mostaza, que era tan pequeño vino a hacerse árbol y extender sus ramas por todas aquellas partes.

Este fue uno de los negocios más deseados y procurados de este padre; porque desde el principio de su predicación siempre entendió que convenía haber doctrina, así para enseñar a mozos como para criar clérigos virtuosos. Y tratando de esto, y viendo que del mundo no se podía esperar este beneficio, solía él decir: «Tengo de morir con este deseo». Mas después que en aquel tiempo llegó a su noticia el instituto de los padres de la Compañía de Jesús, que era conforme a lo que él deseaba, alegróse grandemente su espíritu, viendo que lo que él no podía hacer, sino por poco tiempo y con muchas quiebras, había Nuestro Señor proveído quien lo hubiese ordenado tan perfectamente y con perpetua estabilidad y firmeza.

3. Predicó también en Montilla

Predicó también una Cuaresma en Montilla con tan grande fervor y aprovechamiento, que, como contó la señora doña Teresa, hermana de la señora marquesa, se hicieron más de quinientas confesiones generales. Y confirmaba lo dicho, añadiendo que esto sabía porque acudían muchos a ellas para que les procurase confesores: tanta era la prisa que había de confesar, y no por vía de jubileo, sino por la impresión que habían hecho las palabras de este siervo de Dios en los corazones de las gentes.

De allí volvió a Córdoba, y de allí partió para Zafra, año de 1546, y allí predicó con el fruto acostumbrado de las ánimas y de los señores de aquel Estado, que aunque eran cristianísimos, todavía recibieron grande edificación con la doctrina y ejemplo de este padre. Y el señor conde don Pedro, que es en gloria, trataba muy familiarmente con él, y concibió tan grande estima de su discreción y entendimiento, que decía muchas veces que ningún oficio público tratara este padre que no fuera consumado y aventajado en él, por ser su entendimiento universal en todo género de materia; porque tal convenía que fuese el sujeto donde Nuestro Señor había de infundir el tesoro de sus gracias. Y vivía este señor tan cuidadoso de su salvación, que ofreciéndole el cargo de mayordomo mayor del príncipe, que después fue y es el rey nuestro señor, cargo principal que tuvo el Duque de Alba, no lo aceptó, aunque fue muy importunado de amigos y deudos. Lo cual hizo, no solo por sus indisposiciones, sino por recelo de los peligros del ánima que hay en la vida cortesana y más en semejantes cargos.

Y no menos aprovechó la señora condesa de Feria con la doctrina de este siervo de Dios; y así platicaba muchas veces con ella en las confesiones y fuera de ellas dándole todos los documentos y avisos que se requieren para una vida perfecta. De modo que, en estado de casada, ya la encaminaba Nuestro Señor a la perfección de la vida que pensaba tener de monja, si Nuestro Señor dispusiese de la vida del conde antes de la suya, lo cual amenazaban sus continuas enfermedades, por las cuales esta señora, mientras fue casada, más fue enfermera que casada.

Perseveró, pues, el padre algún tiempo en esta villa, por la gran devoción que estos señores le tenían y por ver cuan rendidos estaban a su parecer y consejo en todo lo que tocaba al gobierno de su estado y de sus ánimas; y por eso no dejaba de predicar todos los domingos y fiestas. Y aquí procuró que se enseñase la doctrina a los niños; porque en todos los lugares que podía ordenó esto, y así lo encomendaba a sus discípulos cuando los enviaba a algunos lugares a predicar y confesar.

Y en este mismo tiempo leía cada día una lección de la Epístola Canónica de san Juan Evangelista en la iglesia del monasterio de Santa Catalina; y a esta lección, entre otros oyentes, acudían la señora marquesa y la señora condesa, la cual iba más alegre a oír esta lección que si fuera a todas las fiestas del mundo.

Después de esto, acordaron estos señores de irse al marquesado de Pliego, y en esta ciudad de Pliego creció tanto la enfermedad del señor conde que lo llegó a lo postrero; y a este trabajo, como fiel amigo, acudió el padre Ávila, que se halló presente a este dolor; el cual fue tan grande cuanto yo nunca vi otro mayor, por ser, tan grande la pérdida que se perdió en aquel señor de tanto valor, virtud y entendimiento, como a todo el mundo es notorio, y querido de su madre sobre todo los señores sus hermanos.

Quedó, pues, la señora condesa, que a, la sazón estaba enferma con calentura continua, viuda de veinticuatro años; determinada en el propósito que arriba dijimos de ser monja en Santa Clara de Montilla, que es un muy principal y solemne monasterio; y tomó aquel estado y hábito con tanta voluntad y devoción, que después de haberlo vestido me dijo que «su ánima había vestido aquel hábito»; tan de corazón y con tanta alegría lo recibió, por verse despedida del mundo y aposentada en compañía de las esposas de Cristo.

Mas cuando la señora marquesa la vio vestida del hábito, enterneciose en gran manera, porque allí se le tomó a representar el fallecimiento del hijo tan querido, y la mudanza de la señora condesa, no menos amada, que no podía contener las lágrimas. Y acudió luego al padre Ávila para que deshiciese lo hecho. Mas como él no se movía por lágrimas de carne, y tenía conocido el intento y propósito de esta señora, después de haberle hablado, la confirmó en su santo propósito, y consoló cuanto pudo a la señora marquesa.

Y aquí se me ofrece ocasión para decir algo de esta señora monja, no por lo que a ella toca sino al padre Ávila, cuya historia escribo, por la parte que él tuvo en el propósito y vida de esta señora. Séneca escribe a Lucilio, su familiar amigo, a quien él había instruido y animado a la virtud, y para quien escribe todas sus cartas, estas palabras: «Assero te mihi, meum opus es». En las cuales da a entender que la virtud de aquel su amigo era obra suya, y él era todo suyo, pues su doctrina le había dado aquel tan honroso ser que tenía de hombre virtuoso. Pues conforme a esto, digo que aunque la alteza del linaje y nobleza de condición haya esta señora recibido de sus progenitores; mas el ser espiritual, que es sobrenatural y divino, recibió en muy gran parte de la doctrina y documentos de este siervo de Dios; el cual, visto cuán aparejada era la tierra de su corazón para sembrar en ella la palabra de Dios, hizo aquí el oficio de buen labrador; y acudió la mies de las virtudes con tanta abundancia como a todo el mundo es notorio.

De aquí procedió que considerando ella cómo todo aquel ser espiritual y todos los favores y consolaciones que del Espíritu Santo recibía, le habían venido por la doctrina de este padre, era tan grande la devoción y reverencia que le tenía, y el deseo que Nuestro Señor se lo conservase en la vida, que en cuantas cartas me escribía, esto era lo principal. Porque a los deudos amaba como a deudos de carne, mas a éste como a padre de su buen espíritu. A aquéllos amaba con tasa y con medicina; mas a éste, como a ministro de Dios, con toda devoción. La comunicación y afición para con éstos excusaba y templaba, porque no le ocupasen el corazón, que ella quería tener desocupado para solo Dios; mas la de éste procuraba, porque en él amaba al mismo Dios. De donde vino a ser que en naciendo un hijo a la señora marquesa su hija, y estando todos alegres con el nuevo heredero que Dios había dado a aquellos señores, me escribió una carta, diciendo: «El idolillo es ya nacido; pida Vuestra Reverencia a Nuestro Señor que no tenga él demasiado lugar en mi corazón».

Por este ejemplo podrá entender el cristiano lector la alteza y dignidad del ser espiritual. Para cuyo entendimiento conviene saber que en el varón justo hay dos maneras de ser: uno natural y otro sobrenatural; el uno procede de la naturaleza, el otro de la gracia; el uno recibimos de nuestros padres, el otro del Espíritu Santo; el uno nos hace hijos de hombres, semejantes a ellos en la vida natural y herederos de sus bienes, mas el otro nos hace hijos de Dios, semejantes a Él en la pureza de la vida, y herederos de su gloria. Bien se ve, pues, aquí la ventaja que hace el un ser al otro ser; pues el uno es humano y el otro divino. Siendo, pues, esto así, no es maravilla que la persona que por la doctrina y ejemplo y oraciones de algún padre ha recibido este ser espiritual, le tenga mayor devoción y respeto que al padre camal; pues de éste recibió mayor beneficio, y así es justo que le corresponda con mayor devoción y agradecimiento.

De esta señora no puedo decir más sino solo lo que pertenece a la vida del padre Ávila; pues lo que se dice de los efectos, redunda en gloria de su causa. Mas esto no puedo dejar de decir, que la Emperatriz nuestra señora, estando en la ciudad de Lisboa, me preguntó si conocía a esta señora monja; yo respondí que sí y de mucho tiempo. Entonces Su Majestad me dio una carta escrita de su mano para ella y una preciosísima reliquia del sagrado Leño, ricamente engastada y labrada, y puesta en un grande rosario de cuentas, mandándome que le enviase esto, y le pidiese que ella enviase a S. M. alguna cosa suya. Yo lo hice así, y la señora monja me escribió que todo esto habla recibido; mas la respuesta de lo que S. M. pedía me parece que la había de poner en confusión; porque excusarse y no obedecer al mandamiento de tal señora era cosa dura; mas darle algo de lo que se pedía como por reliquias de mujer santa, era peligro de vanagloria. Mas en esta perplejidad halló un discretísimo medio con que quitó la gloria de sí y la puso en su padre Ávila. Porque en lugar de lo que S. M. pedía de ella, le envió un excelentísimo sermón que el dicho padre había hecho el día de su profesión, treinta años había. Y de esta manera la prudentísima señora hurtó el cuerpo a la honra y satisfizo a la demanda.

Por lo dicho podremos entender cuánto es mayor el precio de la virtud que la alteza del linaje, pues por la virtud mereció esta señora tan gran favor y honra de S. M.

4. De algunos señalados llamamientos de personas principales por la doctrina de este padre

Hasta aquí habernos tratado de los lugares en que este padre predicó, y de la eficacia de su doctrina, y de muchas personas de diversos estados que se ofrecieron a Nuestro Señor por ella; porque la palabra de Dios en su boca era, como el Apóstol la llama, espada de dos filos, la cual hería muy poderosamente los corazones de los que le oían. Porque los hombres prudentes que le oían, decían que era nuevo lenguaje el suyo, muy diferente de los otros.

Y aunque, contando los lugares en que predicó, apuntamos en común los llamamientos de personas a quienes Nuestro Señor con sus palabras tocó; mas aquí me pareció escribir algunos más señalados que hubo entre ellos; que serán como espirituales triunfos de la palabra de Dios, que se apoderó, no de los cuerpos, sino de los corazones de los hombres, librándolos del cautiverio del príncipe de este mundo.

5. De la señora doña Sancha

Entre éstos pondremos, en el primer lugar, a la señora doña Sancha, hija legítima del señor de Guadalcázar. Esta señora residía en Écija, y estaba para ir a ser dama de la reina, por tener la discreción y las otras partes que el mundo precia para este estado. Mas Nuestro Señor la tenía ojeada para otro más alto, que era hacerla esposa suya. Y el principio de esto fue determinar ella de confesarse con este padre. Y entrada en el confesionario, comenzó a crujir el manto de tafetán que traía; por lo cual el padre la reprendió agramente, porque, viniendo a confesarse y a llorar sus pecados, venía tan galana; que después, andando el tiempo, decía ella, por donaire, a este padre: «¡Cuál me paraste aquel manto!» Fue esta confesión de tan admirable eficacia, que totalmente derribó todo cuanto el mundo en aquel corazón con tan hondos cimientos había fabricado. Y cierto, según fue tan grande y tan súbita la mudanza, podemos con razón decir que fue miraculosa.

El bienaventurado san Bernardo, predicando en Flandes, convirtió a un gran señor de aquella tierra, por nombre Landulfo, a que dejase el mundo y se hiciese monje en el monasterio de Claravalle; y cuando le vino a dar el hábito, dijo el Santo que no era menos admirable entre las obras de Dios la conversión de Landulfo que la resurrección de Lázaro. Y esto mismo podemos con razón decir de la mudanza de esta señora. La cual, recogida en un lugar apartado de la casa de sus padres, hizo una religiosísima vida, perseverando en continua oración, y acompañándola con grandes ayunos cilicios y disciplinas que después de su fallecimiento se hallaron; haciéndose un holocausto vivo, que todo entero se quema para gloria de Dios. Y porque es estilo infalible de este Señor comunicar su gracia conforme al aparejo y disposición que halla en el ánima, como el aparejo era tan grande, así eran grandes los favores y consolaciones y regalos con que Nuestro Señor la visitaba. Y decía el mismo padre muchas veces cosas muy señaladas de su grande humildad, obediencia y caridad; en confirmación de las cuales virtudes, contaba el mismo padre las grandes mercedes que Nuestro Señor le había hecho; manifestándole secretos admirables, y revelándole su muerte y lo que había de acontecer en su enfermedad.

Y no será razón callar yo aquí una cosa notable que pasé con ella estando muy enferma en casa de sus padres, por lo cual se verá la fortaleza y alteza de su espíritu. Díjome, pues, que tenía escrúpulo si por ventura ella había sido causa culpable de aquella grande y larga enfermedad que padecía. Yo respondí que me diese cuenta de la causa, y vista ésta, se entendería si tenía culpa en esta materia. Ella me respondió que de una de dos causas le pareció haber procedido aquella enfermedad. La una fue que, viendo que en aquel año que corría, de treinta y tantos, se detenía mucho el agua lluvia, la cual amenazaba grande esterilidad y hambre, ella se afligió en tanto grado por la compasión de los pobres, que ofreció a Nuestro Señor su salud y vida por ellos, suplicándole que le diese cualquiera enfermedad que fuese servido, a cuenta de remediar aquella presente necesidad. Esto decía que podría por ventura ser la causa de la enfermedad grave que padecía. Otra causa me dijo, dignísima de ser oída para gloria de la gracia de Cristo, y de la fe y religión cristiana, que tanto aborrece el pecado. Y esta fue que siendo poderosamente tentada del espíritu de la fornicación con aquel soplo infernal con que él la que él hace arder las brasas de nuestras pasiones, viendo ella que esto tocaba a la fe y pureza virginal que ella había ofrecido a su Esposo, concibió en su ánima tan grande indignación contra su carne y contra el espíritu malo, que no contenta con los remedios ordinarios de la señal de la cruz y de la oración, acometió otro más poderoso y más extraordinario. Porque acordándose que san Benito en otra batalla semejante venció al enemigo desnudándose y arrojándose en un zarzal, curando con las heridas del cuerpo las del ánima y acordándose también que el glorioso padre san Francisco, en otro semejante conflicto, triunfó del enemigo por una nueva manera, que fue desnudándose de noche en medio del invierno, y haciendo una gran pella de nieve con otras más pequeñas, y diciendo: «Francisco, estas pellas chiquitas son tus hijos, y esta grande es tu mujer; por tanto, abrázala como a tal»; y de esta manera, el santo varón, con el gran frío del cuerpo apagó el fuego que había encendido el enemigo; considerando, pues, nuestra virgen estos hechos heroicos, esforzada con el mismo espíritu, se metió en un grande tinajón de agua fría y de esta manera, con la frialdad de la carne, apagó la llama que el enemigo en ella había encendido, dejándolo avergonzado y confuso por verse por tan alta manera vencido, considerando que había dado materia de esclarecida victoria a quien pensaba vencer en aquella batalla.

Pues por este ejemplo verá el cristiano lector la alteza del espíritu de esta esposa de Cristo; y verá también cuán grande es el temor que los perfectos cristianos tienen de ofender a Dios, y cuán extraño el aborrecimiento del pecado, pues a tales trances se ponen por no caer en él. Porque sin duda ésta parece haber sido la causa de la enfermedad de esta virgen de Cristo; porque uno de los accidentes de ella era que cargándole cuanto ropa podía sufrir en la cama, no podía entrar en calor; por do parece que aquella gran frialdad de tal manera penetró y se apoderó de todo su cuerpo, que ninguna ropa bastaba para metello en calor.

A esta esposa de Cristo escribió el padre Ávila aquel excelente tratado de Audi, Filia, et vide, etc., que es muy acomodado, al estado del propósito virginal; el cual estimaba ella en tanto, que lo llamaba «mi tesoro». Mas después de los días de ella lo acrecentó el padre y enriqueció con tantas y tan graves y devotas sentencias, que con mucha razón se puede llamar un gran tesoro. Esto baste de esta virgen.

6. De doña Leonor de Inestrosa

En la misma ciudad de Écija hubo una señora principal, grande discípula de este padre, mujer de Tello de Aguilar, que es un mayorazgo noble en aquella ciudad; el nombre de esta señora era doña Leonor de Inestrosa, noble alcurnia de aquel linaje. Mas ella trocó ésta por otra más noble; ca, escribiéndome algunas cartas, se firmaba doña Leonor del Costado, por ser ella devotísima de esta rosa hermosísima. Posaba en casa de esta señora el padre Ávila, y cumplióse en ella lo que el Salvador promete, diciendo que sí en la casa donde fueren recibidos hubiere algún hijo de paz, descansará sobre él vuestra paz; quiere decir: hacerse ha participante de vuestros bienes y gracias.

Dos cosas notables diré de esta señora. La una fue que falleciendo una hijica suya de once o doce años, a mediodía, dije yo, que presente me hallé, que se debía llevar a enterrar aquella tarde, recelando la pena que ella, como madre recibiría teniendo toda la noche el cuerpo difunto de la hija en casa. A esto respondió ella: «Padre, ¿por qué tengo yo de recelar de tener toda la noche un cuerpo santo en mi casa, como lo era el de esta niña?». Y díjome después que fue tan grande la consolación que su ánima recibió, considerando que aquella niña iba a gozar de Dios, que con ningunas. palabras lo podía explicar. Y añadió más, que recibió grande pena con las señoras que en aquel tiempo acudieron a visitarla, porque le impedían algún tanto el gusto de aquella grande consolación, en la cual quisiera ella estar ocupada noches y días. Este lenguaje, ¿cómo lo entenderá el mundo? Mas entendíalo el Apóstol, el cual aconseja a los cristianos que no imiten a los gentiles, que lloran sus muertos porque no esperan otra vida, mas el cristiano, que participa el espíritu de esta señora, alégrase con la esperanza firme de la vida advenidera.

Otra cosa notable me contó ella y fue ésta: que estando con dolores de parto, no se halló presente el padre Ávila, que en estos tiempos la socorría, como huésped agradecido, con el favor de sus oraciones. Y como ella se vio desamparada de este socorro, presentóse con el espíritu a Nuestro Señor con una profundísima humildad. Y aquel Señor, que sabe agradecer la huespedería que se hace a sus siervos, asistió en lugar del buen huésped; y me certificó ella en toda verdad que en el punto del mayor dolor que se tiene en los partos, ninguno sintió; porque el Señor, por su especial providencia y amor que tenía a esta buena ánima, dispensó con ella en la pena a que están sentenciadas todas las mujeres en sus partos.

Era esta señora muy temerosa de conciencia; porque, aunque era lenguaje suyo muy usado decir que Nuestro Señor la amaba, dudaba ella de su amor para con Él. Y así este padre le escribía muchas cartas para templar estos demasiados temores y esforzarle su confianza; las cuales cartas andan impresas con las otras suyas, y entre ellas es una excelentísima que está en el fin del primer tomo de su Epistolario, muy eficaz para esforzar a personas desmayadas y desconfiadas. Comulgaba esta señora con mucha devoción, y decía muy discretamente que tenía gran reverencia el día de la comunión a sus pechos, por haber recibido en ellos tan grande Majestad.

Y con ser tantas sus virtudes, no quiso Nuestro Señor que saliese de esta vida sin una gran corona de paciencia. Porque cinco años antes que falleciese le nació un cancro en el pecho; el cual todo este tiempo iba siempre labrando poco a poco, con un humor tan maligno, que le carcomía hasta los mismos huesos del pecho, y en llegando al corazón le acabó la vida. Y la causa por donde Nuestro Señor visita algunas veces su grandes siervos de esta manera, es por no privarlos de la gran corona de la paciencia, cuando la persona tiene virtud y gracia para poder con la carga.

7. De otra señora, doña María de Hoces, y de don Antonio de Córdoba, don Diego de Guzmán, padre Juan Ramírez y san Juan de Dios

Salgamos de Écija y vengamos a Córdoba, donde este padre, entre otras cosas que en su lugar apuntamos, hizo una de las mayores hazañas que se han visto en nuestros tiempos, porque predicaba en sus sermones algunas palabras enderezadas a sacar algunas mujeres que por pobreza estaban en pecado, y repetía aquellas palabras con que los hijos de los profetas daban voces a Eliseo, diciendo: Mors in olla, vir Dei, mors in olla. Y así clamaba él diciendo: «¡Pobrecita miserable! ¡La muerte está en la olla! ¡La muerte está en esa olla de que te sustentas! Rejalgar es eso que comes, que trae consigo, no muerte temporal, sino muerte eterna».

Con estas palabras, y con otras semejantes; que herían de agudo los corazones se movió, entre otras personas, una mujer noble a la cual la pobreza había traído a un estado tan miserable, que estaba envuelta años había con un personaje, de quien tenía ya tres hijos. Mas Nuestro Señor, cuya misericordia no tiene cabo, tocó el corazón de esta mujer con un tan grande tocamiento, que se determinó de todo corazón de salir de aquel estado miserable; mas no hallaba manera para esto por su pobreza y por ser el personaje poderoso y estar muy apoderado de ella con la posesión de tantos años.

Siendo de esto sabedor el padre Ávila, y certificado de la firmeza y propósito de ella, confiado en Dios, se determinó de sacar esta ánima de pecado. Para lo cual era menester mucha industria y fortaleza, y mucha costa para acabar este negocio, por tener un tan poderoso contrario, el cual bramaba como osa cuando le hurtan los hijos y amenazaba muertes y otras cosas; y con todo esto el padre llevó adelante su propósito; y de primera instancia la mujer se salió de su casa y se fue al monasterio de Santa Marta y de ahí la hizo el padre llevar a Montilla, para asegurarla con la autoridad y sombra de la marquesa de Pliego. Y porque se temían que el personaje, que estaba siempre en espía, saldría con mano armada a saltearla en el camino, fue menester que el padre hiciese oficio de buen capitán y proveyese de gente de a caballo y de un alguacil de justicia para sacarla de Córdoba y llevarla al lugar susodicho.

Y porque ni allí estaba bien segura del enemigo, dio orden como de allí fuese llevada a Granada,

adonde, con la doctrina del padre, caminando por sus pasos contados, llegó a tanta perfección, que por con del mismo padre, el cual con ser tan limitado en las licencias para comulgar, comulgaba cada día con grande aprovechamiento de su ánima. Y así podemos decir que donde abundó el delito, la gracia. Y en esta vida perseveró treinta años, acabándola santísimamente: y en todo este tiempo el padre aprovechó todo lo necesario mientras vivió, llevando hasta el fin con grande constancia y perseverancia y fidelidad lo que había comenzado, sin jamás faltar a aquella alma que, fiada de su palabra, se puso en sus manos, desamparando el regalo en que vivía y lo que más es el amor de las hijas y de un hijico que ella muy tiernamente amaba.

Y aunque en este hecho se ofrecieron al principio grandes dificultades y peligros, y recelos de murmuraciones y juicios del mundo, y mucha costa que para llevar esto adelante era menester; mas el padre, lleno de confianza en Dios, ni paró en la costa, ni receló la infamia, ni temió el peligro, ni rehusó el trabajo; sino, cerrados los ojos a todos los juicios del mundo y abiertos a solo Dios, acometió esta hazaña tan gloriosa, por sacar una ánima del cautiverio miserable en que vivía, por la cual Cristo diera su sangre, si la pasada no bastara. Y el suceso de este negocio y la santidad y perseverancia de esta nueva Magdalena, declara haber sido ésta obra de Dios.

Ni rehusará mi buen amigo y señor don Antonio de Córdoba hijo de la cristianísima señora marquesa de Pliego, que lo ponga yo en la lista de estos triunfos, aunque otros también tienen parte en él. Porque estudiando él en Salamanca y tratando familiarmente con los padres de la Compañía de Jesús, le comenzó Nuestro Señor a abrir los ojos para ver la vanidad y engaño del mundo. Y junto con esto, comenzó también a recogerse y darse a la oración y ejercicio de penitencia. Fue de esto avisada la señora marquesa por los criados que le servían, que muy tiernamente lo amaban por su mucha discreción y virtud. Y refiriéndome esto su señoría, me dijo que había respondídoles por carta: «Dejadle hacer lo que hace, porque eso es medio para que él sea más virtuoso. Porque os digo, padre fray Luis, que no hay mayor contentamiento en el mundo que ver virtud en quien bien queréis». Vio esta señora la hermosura de la virtud con los ojos que dicen que la miraba Platón; porque ella realmente es la más hermosa cosa del mundo, y por eso dijo estas palabras tan de notar. En este mismo tiempo se vio este señor con el padre Francisco, espejo de toda virtud y santidad y menosprecio del mundo y le dijo que le quería tomar cuenta de la lumbre que Nuestro Señor le había dado.

Viendo, pues, el padre Ávila la disposición grande que en este señor había le aconsejó que entrase en la Compañía de Jesús, por donde Nuestro Señor le había comenzado a llamar. Y no fueron menester muchas persuasiones, según él estaba ya movido; y así lo hizo, renunciando todas las esperanzas que el mundo ofrecía a quien tantas partes y tanta nobleza tenía, por seguir la humildad y pobreza de Cristo. Y esto fue en tiempo que el Papa Julio III lo había ya nombrado Cardenal. Y como la entrada fue tan privilegiada de Dios, así lo fue la estada y perseverancia hasta la muerte.

Y entre otras virtudes suyas, era grande amigo de la oración y predicador de ella. Y así encomendando esta virtud en un sermón, se maravillaba cómo los hombres, en vida tan acosada de trabajos y de necesidades y tentaciones, podían vivir sin el socorro de esta virtud. Y discurriendo por todos los estados, decía: «Mujercica, ¿cómo puedes vivir sin oración? Labradorcico, ¿cómo puedes vivir sin oración?». Y repitiendo estas mismas palabras, discurría por todas las otras calidades de personas. Y tenía él, cierto, mucha razón de maravillarse, pues no tenemos otro remedio, después de aquella desnudez en que nuestros padres nos dejaron, sino recorrer con la oración a la misericordia de Nuestro Reparador.

Y no dejaré de decir aquí una cosa que parecerá menuda entre tantas otras virtudes, pero es digna de que sea sabida de los que están obligados a rezar el Oficio divino. Díjome, pues, una vez que rezásemos Maitines; y puesto de rodillas, añadió diçiendo: «Algunos convidan a rezar a otros como a oficio de muy poca importancia con estas palabras: Andad acá, digamos Pater noster por Prima, o por Tercia, etc. No me parece, dijo él, que se debe comenzar la hora sin alguna preparación interior del ánima, y así lo hagamos agora». Y de esta manera estuvimos ambos de rodillas un razonable espacio, recogiendo el corazón; y esto hecho, comenzamos a rezar muy pausada y devotamente. ¡Pluguiese a Dios que con este mismo espíritu y aparejo rezasen todos los clérigos el Oficio divino! Porque de esta manera serían sus ánimas muy aprovechadas; mas de otra manera es poco el fruto que de aquí se saca, porque es pequeño o ninguno el aparejo con que se reza.

Y por no salir de la Compañía de Jesús, me pareció poner aquí al padre don Diego de Guzmán; hijo, según la carne, del conde de Bailén, y según el espíritu, del padre Ávila, y tan devoto suyo y tan agradecido al beneficio de su llamamiento, que por ruegos suyos tomé yo el trabajo de escribir esta historia, prometiéndome él ayuda de sus oraciones y Misas por él; y así confío en Nuestro Señor que sus oraciones habrán suplido mis faltas. Y con todo esto no diré de él más que lo que sé por vista de ojos; y esto es que antes que entrase en la Compañía se juntó con un padre muy virtuoso y docto, y ambos andaban juntos por diversos lugares, sin algún aparato de criados, aprovechando a la salud de las ánimas en todo lo que podían, repartiendo entre sí los oficios; porque el que era teólogo predicaba con grande fervor de espíritu; mas él tomaba a cargo enseñar la doctrina a los niños, y ayudando con su buen ejemplo y consejo a todos. Y después de haber ejercitádose en este oficio evangélico, ambos entraron en la Compañía de Jesús. Y el uno, después de haber trabajado muchos años en la viña del Señor, con mucha edificación de las ánimas, está ya gozando del denario diurno, que es del premio que el Señor de la viña le prometió por concierto; por ser de los que comenzaron a trabajar a la hora de prima y sufrió todo el peso del calor y del día. Mas esto otro padre hoy día vive, y según entiendo, persevera en el mismo oficio de enseñar la doctrina a los niños.

También el bendito padre Juan Ramírez fue de los llamados a la hora de Prima; porque de muy pequeña edad comenzó a servir a Nuestro Señor, guiado por el padre Ávila; por cuyo consejo entró en la Compañía después de haber predicado muchos años fuera de ella; en la cual perseveró hasta la muerte, habiendo cuarenta años que predicaba en España en diversas provincias y ciudades, con grandísimo fruto y consolación de las ánimas. Y cual fue la vida, tal fue el fin de ella. Porque estando muy al cabo de una grave enfermedad por la Semana Santa, trayéndole el miércoles de ella el Santísimo Sacramento, alegróse tanto de verle, que dijo estas palabras muy suyas: «¡Oh Amado, Amado! ¿Es posible, es posible, que yo haya de morir el día que Vos moristeis por mí?». Así lo dijo, y así lo pidió a Nuestro Señor, y así se lo concedió, sacándole de esta vida con este regalo, a la misma hora que el Salvador expiró en la cruz, como todos los que se hallaron presentes lo testifican. Y así su enterramiento fue tan acompañado y tan glorioso, como fue la hora de su acabamiento.

Al fin de todos estos llamamientos pondré el de Juan de Dios, del cual había mucho que decir si no estuviera escrita su vida, y bien escrita. Este hermano fue de nación portugués, natural de Montemayor el Nuevo. Y fue mucho tiempo pastor de ganado, y después soldado, y, al fin, trabajador. Venido a Granada, y oyendo un sermón, al padre Ávila, día de san Sebastián, de tal manera le tocó Nuestro Señor, y de tal manera hirió su corazón, que hizo tan grandes extremos que todos lo juzgaron por loco; pero no creo que lo era por la razón que diré.

Para lo cual es de saber que hay dos maneras de contrición y dolor de los pecados: una común y ordinaria, y otra extraordinaria, cual fue la de la Magdalena, que entró en medio del día al tiempo que el Salvador estaba comiendo con sus discípulos y otros convidados, sin hacer caso de tantas cosas como había allí que mirar, porque la violencia del dolor cerró los ojos a todo esto. Y en la vida de nuestro padre san Vicente Ferrer se escribe que, predicando él con aquel grande espíritu que el Señor le había dado, hubo hombres que, heridos con la fuerza de sus palabras, daban voces en presencia del pueblo, confesando sus pecados. Y en el capítulo quinto de san Juan Clímaco, en que trata de la penitencia, cuenta cosas espantosas de las penitencias de aquellos monjes. Y por esto no me escandalizan estos extremos que se vieron en Juan de Dios; mayormente siguiéndose después de esto una tan grande santidad como fue la que de su vida, testificada con la solemnidad admirable con que toda la ciudad de Granada y todas las órdenes se juntaron a celebrar su enterramiento.

Pues como el principio de la conversión de este hermano fue por la doctrina del padre Ávila, así también lo fue el proceso de su vida, en la cual veremos a la letra cumplido lo que el Apóstol dice, que escoge Dios los estropajos y heces del mundo para hacer obras muy grandes; como lo vemos en este hermano, el cual quiso Nuestro Señor que, habiendo sido pastor, y trabajador y soldado, fuese autor de una nueva religión para remedio de enfermos y pobres, que se va cada día extendiendo por el mundo, confirmada ya por la autoridad de la Santa Sede Apostólica.

Capítulo V. De los medios con los cuales se consiguió el fruto y aprovechamiento de las ánimas, de que hasta aquí se ha tratado

Visto este fruto tan señalado, o, por mejor decir, estos tan gloriosos triunfos que se siguieron de la doctrina de este evangélico predicador, su historia está pidiendo que declaremos por qué medios alcanzó estos triunfos para que los que así desean triunfar de nuestro común adversario y del pecado que él trajo al mundo, sepan el camino. Y aunque esto, en parte, está ya declarado con los ejemplos de las virtudes de este padre que aquí habemos referido, todavía añadiremos algo a lo que está dicho.

Pues entre las ayudas de que él se aprovechó para este efecto, la primera y más principal era la oración, suplicando íntimamente a Nuestro Señor diese virtud y eficacia a su palabra; acordándose que, como la red de san Pedro, trabajando toda la noche con fuerzas humanas, ningún pece había prendido, mas ayudada con las divinas, hinchió ambas las navecicas de ellos, entendió este varón de Dios que esto mismo acaece a los predicadores en esta pesquería espiritual de las ánimas; y por esto acudía él a Nuestro Señor en la oración, diciéndole que en su nombre tendería la red. Esta era la primera y más principal ayuda de que este pescador se valía para este oficio; afirmando que los hijos espirituales que con la predicación se ganaban, más eran hijos de lágrimas que no de palabras.

La segunda cosa que hacía era ordenar todas las sentencias y razones de su predicación, a fin de sacar las ánimas que estaban caídas y muertas en pecado; y también a dar doctrina para conservar lasque estaban ya en pie. Mas lo primero era lo que señaladamente pretendía. Y así, de la manera que cuando un pescador va a pescar, su intento es trabajar por volver a su casa con ganancia, así lo Pretendía este padre en sus sermones, y esto le hacía tener por cosas impertinentes las que para este propósito no servían. Y esto mismo le hacía hablar siempre al corazón, sin divertirse a otras materias sutiles o curiosas.

Tenía también otra cosa: que aunque llevaba el sermón muy bien enhilado, como persona de letras e ingenio; mas, yendo de camino y prosiguiendo su intento principal, iba sacando de lo que decía algunos breves avisos y sentencias por diversos propósitos: o para esfuerzo de los tentados, o para consuelo de los tristes, o para confusión de los soberbios, o para personas de diversos estados; de modo que de un camino hacía muchos mandados. Por donde estando yo asentado oyendo un sermón suyo par del licenciado Vargas, que después fue embajador en Venecia, considerando él lo que tengo dicho, acudió él muy bien diciendo que su predicación era red barredera, porque iba dando avisos a todo género de personas. Mas por esta razón yo la comparaba con esta invención que agora la malicia humana ha inventado encerrando muchas pelotillas en los arcabuces para hacer más mal; pero este siervo de Dios buscaba esta invención para más provechar.

Y porque es común sentencia de los doctores que la doctrina moral predicada en común aprovecha menos, y por eso conviene descender a tratar en particular, así de las obras virtuosas para ejercitarlas, como de las viciosas para evitarlas, por tanto, este sabio predicador descendía muchas veces a tratar de estas obras. Y para declaración de esto, pondré aquí un ejemplo de san León, Papa, en el cual desciende a tocar en particular lo uno y lo otro por estas palabras: «Sean, hermanos, nuestras delicias las obras de piedad, y el uso de los manjares que nos crían para la eternidad. Alegrémonos en dar de comer a los pobres, y deleitémonos en vestir la desnudez ajena con las ropas necesarias. Sientan nuestra ayuda y humanidad los enfermos, y la flaqueza de los dolientes, y los trabajos de los desterrados, y el de las viudas desconsoladas; en las cuales cosas ninguno hay tan pobre que no pueda ejercitar alguna parte de caridad; porque no es pequeña la hacienda del que tiene el corazón grande; ni el mérito de la piedad se mide con la grandeza de la dádiva; porque nunca carece de merecimiento, en el que poco tiene, la riqueza de la buena voluntad. Mayores son las dádivas de los ricos y menores las de los medianos, mas no es diferente el fruto de las obras, donde no se diferencia el afecto de los que las hacen. Y en esta oportunidad de ejercitar estas virtudes hay otras que se ejercitan sin menoscabo de nuestros tesoros, y sin disminución de nuestra hacienda: si despedimos de nosotros los vicios deshonestos, si huimos de demasiados comeres y beberes, si se doma la concupiscencia de la carne con las leyes de la castidad, si los odios se mudan en caridad, si las enemistades se convierten en paz, si la paciencia paga a la ira, si la mansedumbre perdona la injuria, si de tal manera se ordenan las costumbres de los señores y de los criados, que el poder de aquéllos sea más blando y la disciplina más devota». Hasta aquí son palabras de san León, Papa, las cuales bastan para que se entienda este documento susodicho, que es descender a estos actos particulares; el cual sirve grandemente para que la doctrina del predicador sea más provechosa».

Tenía también nuestro predicador otra cosa: que no se contentaba con mover los corazones al temor y amor de Dios y aborrecimiento del pecado, sino también proveía de avisos y recetas espirituales contra todos los vicios, y especialmente contra el pecado mortal, que comprende a todos. Lo cual es contra algunos predicadores, que, contentos con mover los corazones, no proceden a dar avisos y remedios particulares, conforme a lo que pide estos movimientos. Los cuales compara muy bien Plutarco diciendo que los que exhortan a la virtud y no enseñan los medios para alcanzarla son semejantes a los que atizan un candil y no lo proveen de aceite para que arda. Lo contrario de lo cual hacen los predicadores cuyo intento es aprovechar de veras, y guiar casi con la mano a los que desean enmendar, como este nuestro predicador lo hacía, el cual trabajaba con todas las fuerzas de su espíritu por sacar los hombres de pecado e instruirlos, como un maestro de novicios, en la carrera de la virtud.

Y para declarar qué manera de remedios eran los que él tornaba contra el pecado, saldré un poco de la historia para declarar esto más de raíz. Es, pues, agora de saber que no nacen los pecados de la ignorancia que los cristianos tienen de lo bueno y de lo malo; porque, demás de la lumbre natural con que Dios crió al hombre, esto nos enseña la fe que tenemos y la ley que profesamos; mas procede esto de la corrupción de nuestro apetito sensual, que rehuye lo que la ley le manda; porque, como dice el Apóstol: La ley es espiritual; mas yo soy carnal, aficionado a las cosas de la carne, que son contrarias a las del espíritu. De modo que está el hombre carnal como un hombre que tiene postrado el apetito del comer, el cual sabe que le va la vida en comer, y con todo esto no puede arrostrar al manjar. Pues así este hombre, por la parte que tiene fe, entiende que, su salvación consiste en guardar la ley de Dios; mas el apetito desordenado de su carne no arrostra a ese manjar, y así se deja morir perseverando en sus pecados. Esta dolencia procede de la corrupción del pecado original en que somos concebidos. Porque aquella ponzoña que imprimió la antigua serpiente con su infernal soplo en los corazones de nuestros primeros padres, se derivó también en los de sus hijos; y ésta es la que de tal manera estragó y pervirtió nuestro corazón, que le hace aborrecer todo lo que ha de aprovechar y apetecer todo lo que le ha de dañar, como acaece también a los enfermos que tienen el paladar estragado.

Pues ¿qué remedio? Vemos que contra la ponzoña de las víboras y serpientes inventaron los hombres la medicina, que la llaman del atriarca, la cual dicen que se compone de gran número de materiales acomodados a este remedio. Pues conforme a esto, digo que la doctrina de la Religión cristiana, que es perfectísima, como enseñada por el mismo Dios, entendiendo que el origen de todo nuestro mal nace de este soplo de aquella antigua serpiente, nos provee de otra finísima atriaca contra ella, compuesta de todas las cosas que sirven para remedio de esta ponzoña, que es para contrastar a la corrupción de nuestro apetito, y con esto nos preserva de la muerte del pecado.

Preguntaréis: ¿Pues qué cosas son ésas? Respondo que éstas son: el huir las ocasiones de los pecados, el examen cotidiano de la conciencia, los ayunos, el silencio, la soledad, la guarda de los sentidos, especialmente de los ojos y de la lengua, y la del corazón, resistiendo con toda presteza a la primera entrada y acometimiento del mal pensamiento. Mas entre todos estos remedios, los mas principales son los sacramentos de la confesión y de la sagrada comunión, la oración, la lección de la palabra de Dios, la meditación de la muerte, y del juicio divino que se sigue tras de ella, y del misterio y beneficio de la sagrada Pasión, que es el único remedio contra el pecado, pues por desterrarlo del mundo padeció y murió el Hijo de Dios.

De estos postreros seis remedios trata nuestro predicador divinamente en el libro de Audi, Filia. Y de estos mismos se aprovecha él en sus sermones, como de remedios y medicinas eficacísimas contra el pecado, y para movernos a todo género de virtud y santidad.

Pues, volviendo al propósito, éstos son los materiales que entran en la composición de esta espiritual triaca que dijimos, con la cual se remedia el daño que de la ponzoña de aquella antigua serpiente se derivó en todos los hijos de Adán. De esta medicina, con todas las partes de que ella se compone, procuraron siempre usar los grandes Santos; la cual aplicaron al remedio de esta ponzoña y con ella de tal manera sanaron, que no solo se libraron de todos los pecados mortales, sino también de muchos veniales; y no solamente no sentían contradicción y repugnancia en la guarda de los mandamientos divinos, sino tan grande suavidad, que podía cada uno decir con el profeta: En el camino de tus mandamientos, Señor, me deleité, como en todas las riquezas.

Mas porque no es de todos usar de todos aquellos materiales que dijimos, use cada uno de los más que pudiere; porque cuanto más tomare de ellos tanto más perfectamente sanará, y tanto más libre estará de todo pecado, y más aventajado y medrado en toda virtud.

Esta es, pues, la medicina que se halla en sola la Religión cristiana, donde se enseña y platican los remedios contra la dolencia de la naturaleza humana, y contra la tiranía y malicia del pecado. De los cuales casi nada supieron los filósofos y sabios del mundo; y por eso, aunque escribieron altamente de los vicios y de las virtudes, y se vendieron por maestros de ellas, mas ni ellos fueron virtuosos, ni hicieron tales a sus discípulos; ni tuvieron mas de la virtud que la barba prolija, y el hábito diferente con que engañaban al inundo. Porque aunque sabían mucho de la naturaleza de las virtudes, pero faltábales esta medicina, sin la cual la carne prevalece contra el espíritu, y el apetito sensual contra la razón.

Esto me pareció referir aquí sumariamente, que eran los medios más ordinarios de que este padre usaba para encaminar las ánimas a Nuestro Señor. Mas querer declarar todos los otros modos de que usaba para este fin, nadie sería poderoso para explicarlos, porque éstos eran infinitos, como de hombre enseñado por Dios y que siempre andaba todo absorto en este pensamiento. Porque como un muy diestro capitán, que tiene puesto sitio sobre un castillo muy fuerte y muy proveído de defensores, anda siempre ocupado en pensar por qué vía lo podrá mejor entrar, así este ministro de Dios andaba siempre ocupado en pensar diversos medios con que pudiese apoderarse del corazón humano, que es el castillo más inexpugnable del mundo; mayormente cuando es defendido por aquel fuerte armado del Evangelio, que tan a recaudo tiene lo que posee.

Capítulo VI. Santa muerte del padre Ávila

Ya es tiempo que lleguemos al fin de la jornada, en la cual quiso Nuestro Señor sacar a su fiel siervo de este destierro, y darle la corona merecida por tanto número de ánimas como encaminó a su servicio, y por tantos trabajos con tantas enfermedades de tontos años padecidas, de que tratamos arriba en la segunda parte.

Mas no quiso éste tan largo Remunerador de trabajos que la muerte careciese de nuevos merecimientos con los dolores que en ella padeció. Porque año de 1569, por el mes de marzo, estuvo este siervo de Dios muy apretado con recios dolores de la hijada y de los riñones; y al principio del mayo siguiente, día de la Aparición del Arcángel san Miguel, su grande devoto, le comenzó un dolor en el hombro y espalda izquierda. Y pareció entonces a un padre que tenía cargo de él, que esta indisposición era muy peligrosa y muy diferente de las pasadas. Y así le preguntó: «¿Siente vuestra merced que Nuestro Señor lo quiere llevar para sí?». Respondió que no.

Otro día por la mañana vino el físico, y después de haberle visitado, entendió que estaba muy al cabo; y así lo dijo al padre susodicho, añadiendo que si tenía de qué hacer testamento lo hiciese. El padre respondió que no tenía de qué hacerlo, porque como había siempre vivido pobre, así moría pobre. Y llegándose el médico al enfermo, le dijo: «Señor, agora es tiempo en que los amigos han de decir las verdades: vuestra merced se está muriendo; haga lo que es menester para la partida». Entonces el padre levantó los ojos al cielo y dijo: Recordare, Virgo Mater, dum steteris in conspectu Dei, ut loquaris pro nobis bona. Y dijo luego: «Quiérome confesar». Y añadió: «Quisiera tener un poco más de tiempo para prepararme mejor para la partida». Estaba ahí presente la señora marquesa, y parecióle que debía decir misa el padre susodicho que tenía cargo de él; el cual preguntó al siervo de Dios de quién quería que dijese misa, si del Santísimo Sacramento, o de Nuestra Señora, que eran sus especiales devociones. Respondió que no, sino de la Resurrección; como hombre que comenzaba ya a consolarse con la esperanza de ella. Entonces mandó la señora marquesa traer hachas para darle el Santísimo Sacramento. Y cuando se lo traían dijo: «¡Denme a mi Señor, denme a mi Señor!». Esto sería a las ocho o nueve de la mañana; y el dolor que había comenzado la tarde antes, se pasó a la hijada izquierda, y subió al pecho y al corazón.

Pasada casi media hora después que recibió la sagrada comunión, pidió la extrema unción; y diciéndole que aún no era tiempo, que podía esperar algo más, respondió todavía que fuese luego, porque él quería estar en todo su acuerdo para oír y ver lo que en este sacramento se decía y hacía. Y así se hizo; y esto fue a la hora del mediodía, y el dolor iba creciendo y apretándole el pecho, porque ni éste tan breve espacio quería Nuestro Señor que careciese de merecimiento, pues no había de carecer de galardón eterno.

Preguntóle entonces la señora marquesa qué quería que hiciese por él. Respondió: «Misas, señora, misas». Llegó entonces el padre rector del Colegio de la Compañía y díjole: «Muchas consolaciones tendrá ahora V. R. de Nuestro Señor». Respondió él: «Muchos temores por mis pecados». No es razón que pasemos de corrida por todas estas palabras, pues todas son de mucha consideración. Porque, sin duda, gran jornada debe ser esta postrera; pues un tal varón, que tan aparejado estaba, pues cada día confesaba y comulgaba, dice que quisiera tener más tiempo para aparejarse; y gran juicio debe ser el de esta hora, pues e siervo de Dios teme la tela de él y pide socorro de misas, que sirven para alivio de las penas del purgatorio. Porque ya que tuviese algo que purgar, lo cual no se debe creer de tales virtudes y tal vida ¿no bastaban diecisiete años de tan grandes enfermedades, como está dicho? Mayormente valiendo más un día de los trabajos padecidos voluntariamente en esta vida, que muchos de las penas del purgatorio, que tienen más de necesidad que de voluntad.

Y si nos espantan estos temores en tal persona, no menos lo deben hacer los de otros grandes Santos que así temían la cuenta de esta hora. Aquel grande Arsenio, grande en el mundo, y mayor entre los monjes del desierto, como mostrase mucho temor en esta hora, y sus discípulos maravillados le dijesen: «Padre, ¿y tú agora temes?», respondió el santo varón: «Hijos, no es nuevo en mí este temor, porque siempre viví con él». Lo mismo preguntaron los discípulos en la misma hora al santo monje Agatón, y él respondió que temía porque sabía que eran muy altos los juicios de Dios, y muy diferentes de los nuestros. San Hilarión, espejo de toda santidad, viendo que su ánima, recelaba la partida, la esforzaba diciendo: «Sal, ánima, sal; ¿qué temes? Setenta años ha que sirves a Cristo, ¿y temes la muerte?». ¿Pues qué diré del pacientísimo e inocentísimo Job, que no tenía par ni semejante en la tierra, cuánto muestra que temía la tela de este juicio, cuando decía: ¿Qué haré cuando se levantare Dios a juzgarme? Y cuando me hiciere cargo de mis culpas, ¿qué le responderé?

Pues por estos ejemplos entenderá el cristiano que los temores de este padre no solo no son argumento de imperfección, más antes lo son de grande prudencia y perfección. Porque por esto dijo el Eclesiástico: Conserva el temor de Dios, y envejécete en él; esto es, aunque seas criado viejo y antiguo en la casa de Dios, no por eso dejes este temor. Y Salomón: Bienaventurado, dice él, es el hombre que está siempre temeroso. Justo era el santo Simeón; mas con toda su santidad y justicia, era temeroso; porque, como dice una glosa, «cuanto más tenía que perder, tanto más tenía por qué temer». Mas en este siervo de Dios, demás de lo dicho, había otra causa para temer, que era una profundísima humildad, en la cual había él echado muy profundas raíces; la cual virtud, cuando hace al hombre tener mayor descontento de si, tanto más le hace temer mirándose a sí, donde no ve sino defectos y flaquezas. Y con este santo temor acabó la vida este siervo de Dios, dejándonos con este clarísimo ejemplo de su temor la razón que todos tenemos de vivir y morir con él.

Preguntó luego la señora marquesa dónde quería que se sepultase su cuerpo; porque su señoría y la señora Soror Ana, que lo tenían por padre de sus ánimas, como arriba declaramos, quisieran que se sepultara en Santa Clara. Mas él respondió que no, sino en el Colegio de los padres de la Compañía, a los cuales como había amado en vida, quísoles dejar esta prenda en su muerte.

Era ya la tarde, y el dolor iba subiendo al pecho; y uno de sus discípulos, que tenía un Crucifijo en las manos, se lo entregó; y él lo tomó con ambas manos y besóle los pies y la llaga preciosa del costado con grande devoción, y abrazólo consigo. Y púsole también en la mano una cuenta de indulgencias, que él tenía consigo, para que pronunciase el nombre de Jesús; el cual pronunció muchas veces con el de la Virgen Nuestra Señora. Era ya noche, y apretábale mucho el dolor, y decía a Nuestro Señor: «Bueno está ya, Señor, bueno está». Llegó el dolor hasta las once o doce de la noche, y él perseveraba diciendo, aunque ya con la voz flaca: «Jesús, María; Jesús, María», muchas veces. Un padre le tenía el Crucifijo en la mano derecha, y otra persona la vela en la izquierda. En todo este tiempo ninguna mudanza hizo en su rostro ni en los ojos, de las que suelen hacer algunos enfermos; mas antes la serenidad de rostro, que siempre tuvo en la vida, conservó en la muerte. Y apenas estuvo un cuarto de hora sin habla, con esta paz y sosiego dio su espíritu a Nuestro Señor, pasando de la paz y sosiego de la gracia, a la que recibiría luego en la gloria, junto con la corona merecida con tantos trabajos, y tanto fruto en las almas de los fieles.

Y cuál sea el grado de gloria que allí recibiera, declara Nuestro Señor en el Evangelio diciendo: Que el que hiciere y enseñare, esto es, el que guardare los mandamientos de Dios y los enseñare a guardar a otros, será grande en el reino de los cielos. Y por este oficio se debe especial gloria y corona a los que han entendido en ayudar a salvar a otros, conforme a las palabras de Daniel, que dice: Los que fueren justos resplandecerán como el cielo; mas los que enseñan a otros a serlo, resplandecerán como estrellas en perpetuas eternidades.

Y esto nos pronostica en este siervo de Dios el día en que nació, que fue de la Epifanía, donde la estrella guió aquellos santos reyes al pesebre del Salvador; pronosticándonos en esto que el niño que ese día nació había de ser estrella resplandeciente en la Iglesia de Dios, que había de encaminar muchas ánimas al servicio de su Criador, como consta por todo lo que hasta aquí se ha dicho. Y como nació en este día que nos representa el oficio para que Dios lo escogía, así murió el día que el santo Job acabó, según la cuenta del Martirologio Romano, para dar a entender que no solo había de recibir corona de doctor, sino también de paciencia, la cual conservó tan enteramente en diecisiete años de las enfermedades que dijimos.

Fue nuestro predicador muy devoto del Apóstol san Pablo, y procuró imitarle mucho en la predicación y en la desnudez, y en el grande amor que a los prójimos tuvo. Supo sus epístolas de coro. Fueron maravillosas las cosas que de este santo Apóstol predicaba y enseñaba. Teníale singularísimo amor y reverencia; y así en las epístolas que nuestro predicador escribió le imita maravillosamente. Y es de ver que todas las veces que se le ofrecía declarar alguna autoridad de este santo Apóstol lo hacía con grande espíritu y maravillosa doctrina, como consta de todos sus sermones y escritos.

Hallará el cristiano lector en esta Vida que habemos escrito muchas cosas de que con razón se pueda edificar y maravillar; y especialmente del fervor y sed insaciable que este varón de Dios tenía de la salvación de las ánimas; la cual por tantos medios e invenciones procuraba, predicando, escribiendo cartas, ordenando Estudios y Colegios, sustentando pobres y respondiendo a todas las horas a los que venían a tomar su consejo.

Pero de lo que yo más me maravillo es ver que con toda esta muchedumbre de sus continuas ocupaciones con los prójimos, no por eso perdía aquella acostumbrada mesura y serenidad del hombre exterior, ni tampoco al recogimiento y ejercicio del interior. Y la causa de esto parece haber sido la orden de su vida; porque el día daba a los prójimos; mas la noche, a imitación de Cristo, gastaba con Dios. Y además de esto, de tal manera trataba con los prójimos, que no perdía del todo la unión de su espíritu con Él, procurando, como enseña san Juan Clímaco, conservar la quietud interior del ánima entre la variedad y muchedumbre de los negocios del cuerpo, que es obra de varones perfectos.

Y aunque las virtudes y la vida que habemos historiado basta por milagro, pues fue tan diferente de la de los otros hombres, mas todavía sus discípulos cuentan algunos milagros suyos, los cuales no me atrevía escribir por no estar autenticados por los Ordinarios. Murió este padre a 10 de mayo de 1569. Fue muy sentida su muerte, así de la señora marquesa, que lo tenía por padre, como de la señora Soror Ana, que en el mismo lugar lo tenía; y toda la clerecía de las iglesias y religiones de San Agustín y San Francisco y los padres de la Compañía de Jesús llevaron su cuerpo a la iglesia de la misma Compañía, donde está sepultado en la capilla mayor, a la parte del Evangelio, y hízose en la pared un arco para poner la caja en que está el cuerpo, y una losa en la cual están escritos estos versos:

MAGISTRO JOANNI AVILAE
PATRI OPTIMO, VIRO INTEGERRIMO, DEIQUE AMANTISSIMO
FILII EIUS IN CHRISTO P.

Magni Avilae cineres, venerabilis ossa Magistri,
Salvete extremum condita ad usque diem.
Salve, dive Pater, pleno cui flumine coelum
Affluxit, largo cui pluit imbre Deus.
Coeli rore satur, quae mens tua severat intus
Mille duplo retulit foenore pinguis ager.
Quas Tagus ac Betis, quas Singilis aluit oras
Ore tuo Christum buccina personuit.
Te patrii cives, te consulturus adibat
Advena; tu terris numinis instar eras.
Quantum nitebaris humi reptare pusillus
Tantum provexit te Deus astra super.

IPSE LECTORI

Ávila mi nomen, terra hospita, patria coelum;
Quaeris quo functus munere? messor eram;
Venerat ad canos falx indefessa seniles
Quae Christo segetes messuit innumeras.
AM.D.G.

Libros a la carta

A la carta es un servicio especializado para
empresas,
librerías,
bibliotecas,
editoriales
y centros de enseñanza;
y permite confeccionar libros que, por su formato y concepción, sirven a los propósitos más específicos de estas instituciones.

Las empresas nos encargan ediciones personalizadas para marketing editorial o para regalos institucionales. Y los interesados solicitan, a título personal, ediciones antiguas, o no disponibles en el mercado; y las acompañan con notas y comentarios críticos.

Las ediciones tienen como apoyo un libro de estilo con todo tipo de referencias sobre los criterios de tratamiento tipográfico aplicados a nuestros libros que puede ser consultado en Linkgua-ediciones.com.

Linkgua edita por encargo diferentes versiones de una misma obra con distintos tratamientos ortotipográficos (actualizaciones de carácter divulgativo de un clásico, o versiones estrictamente fieles a la edición original de referencia).

Este servicio de ediciones a la carta le permitirá, si usted se dedica a la enseñanza, tener una forma de hacer pública su interpretación de un texto y, sobre una versión digitalizada «base», usted podrá introducir interpretaciones del texto fuente. Es un tópico que los profesores denuncien en clase los desmanes de una edición, o vayan comentando errores de interpretación de un texto y esta es una solución útil a esa necesidad del mundo académico.

Asimismo publicamos de manera sistemática, en un mismo catálogo, tesis doctorales y actas de congresos académicos, que son distribuidas a través de nuestra Web.

El servicio de «libros a la carta» funciona de dos formas.

1. Tenemos un fondo de libros digitalizados que usted puede personalizar en tiradas de al menos cinco ejemplares. Estas personalizaciones pueden ser de todo tipo: añadir notas de clase para uso de un grupo de estudiantes, introducir logos corporativos para uso con fines de marketing empresarial, etc. etc.

2. Buscamos libros descatalogados de otras editoriales y los reeditamos en tiradas cortas a petición de un cliente.